真相

――中国の南洋進出と太平洋戦争――

田中宏巳著

龍溪書舎

南洋地域図

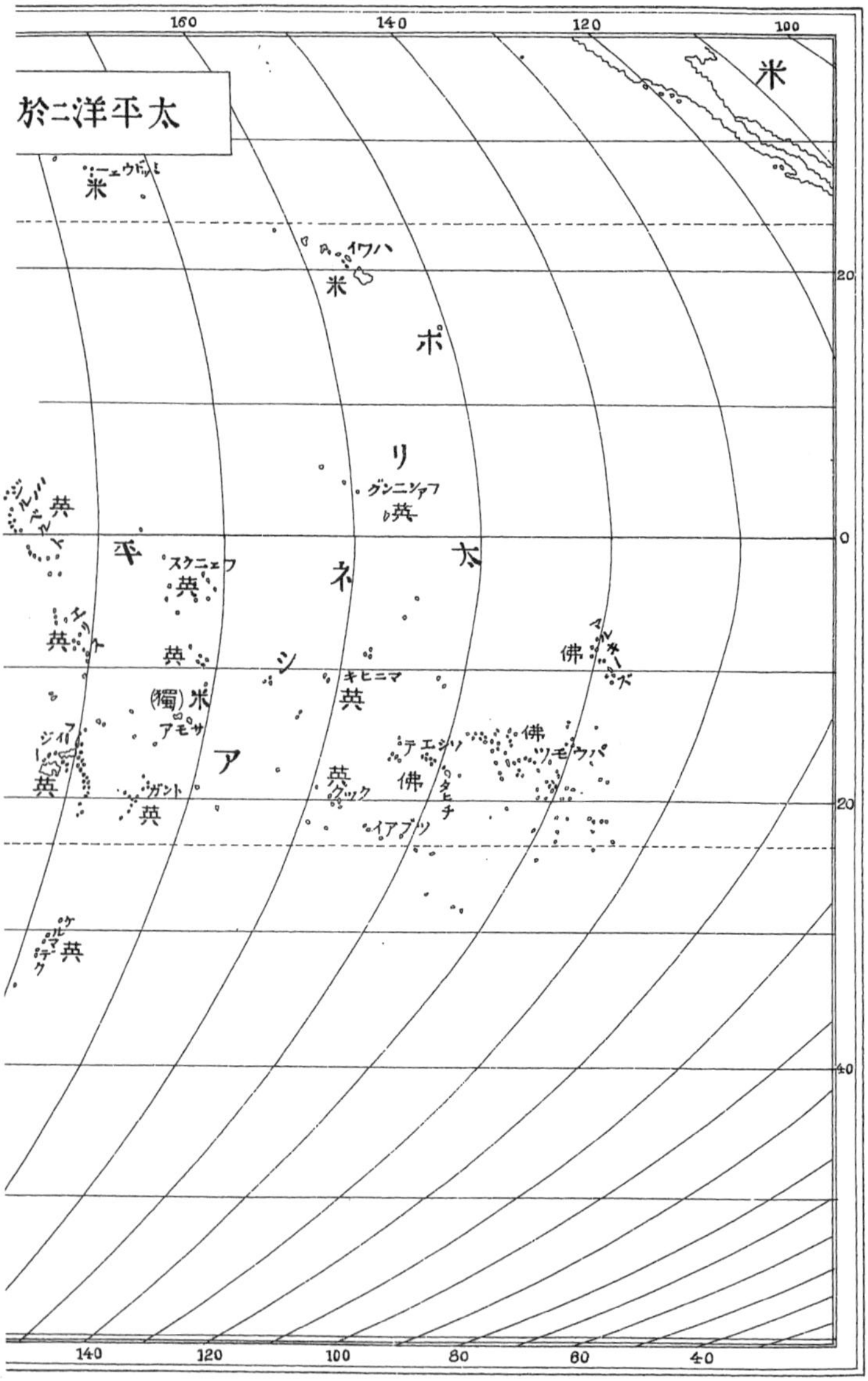
太平洋ニ於
米
ミッドウェー
米
ハワイ
米
ポリネシア
ファンニング
英
ギルバート
英
平
太
フェニックス
英
エリス
英
英
(獨)米
サモア
マニヒキ
英
マルキーズ
佛
フィジー
英
トンガ
英
ソシエテ
佛
タヒチ
英
クック
パウモツ
佛
ツブアイ
ケルマデック
英
160
140
120
100
20
0
20
40
140
120
100
80
60
40

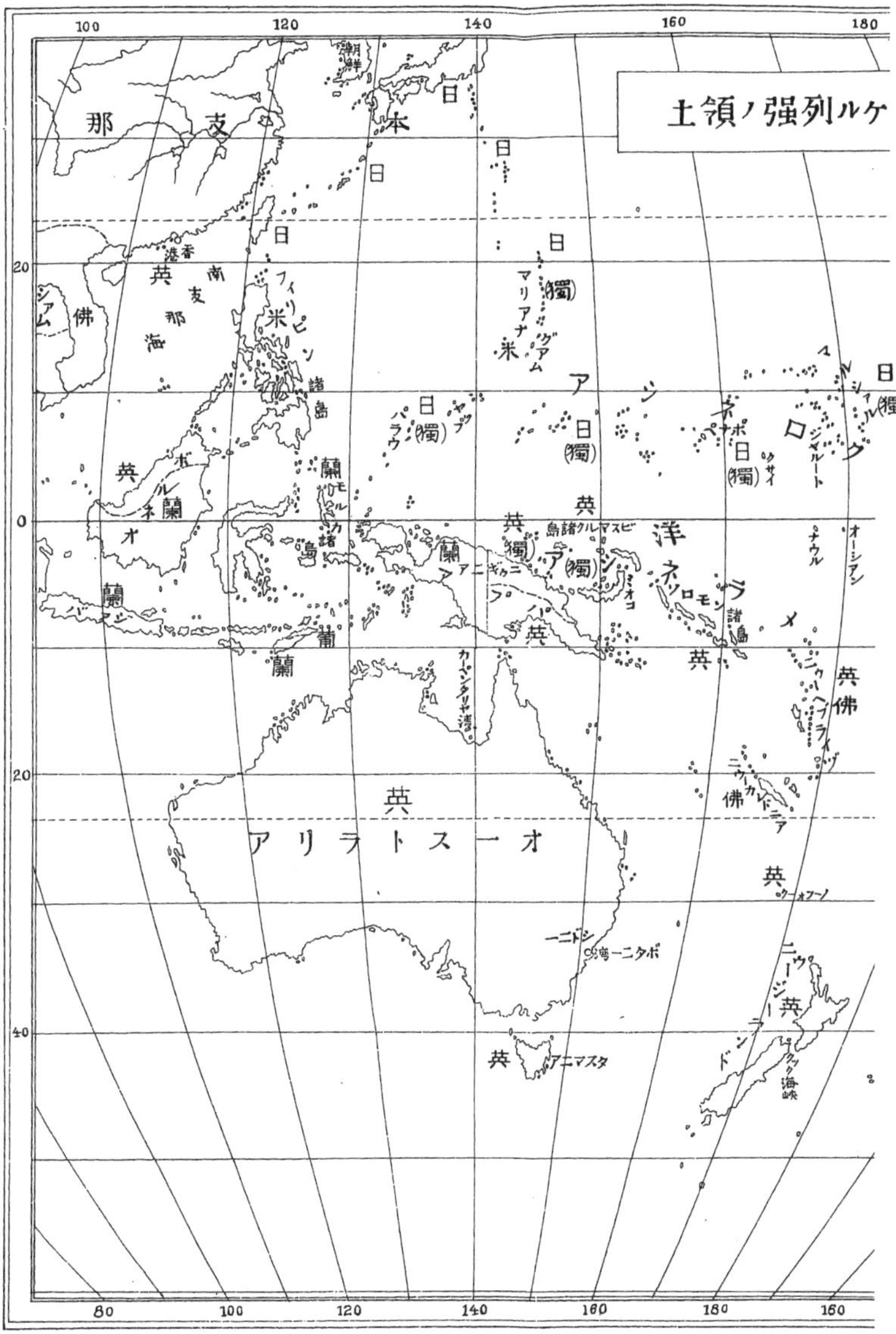

『南洋協会会報』第１号付図（南洋協会　1915年・大正４年２月）

まえがき

一九八〇年代、アメリカの首都ワシントンの博物館、美術館、地下鉄等の案内板では、英語の次に日本語の説明があるのが普通であった。当時、GNP世界第二位を誇る日本からの来訪が多く、高価な商品を大量に購入し、気前よくチップを弾んだので、日本人へのサービスに配慮したのであろう。こうした現象は、南半球のオーストラリアでも同じで、今になって思えば、あの頃が日本の全盛期で、かつての戦勝国の街通りを肩で風を切りながら歩く日本人が目立つ時代であった。

あれから二十数年、ワシントンのどこを歩いても日本語の説明文はなく、夕食の材料を買うためにグロッサリーに立ち寄り、レジで会計を済まそうとすると、店員が「コーリアかチャイナか」と聞いてくる。ジャパニーズと答えると、「珍しい、初めて会った」と驚いたことに、一昔前を知るこちらの方が驚いた。ついこの間まで、出歩いている外国人の中で一番多いのが裕福な日本人であったが、わずか二十年ほどの間に東洋人は中国人か韓国人ばかりになって、日本人は珍しい外国人になってしまっていたのである。

本国の経済をはじめとする社会の発展が、以前ならば、これほど早く世界各地での人の流れに反映しなかったであろうが、誰でもが安い航空運賃で気楽に世界旅行ができるようになったお陰で、すぐに世界中に影響が現れるようになった。とりわけ、世界最強国家であるアメリカの首都であるワシントンには世界中から人が集まってくるので、世界の変動がすぐに街の人通りに反映するらしい。

日本の大都会に住んでいると、日本社会が停滞期もしくは衰退期に入っていることが見えにくいが、外国に行ってみると実によく見えるのである。以前は見掛けなかった中国人が、かつての日本人のように数珠つなぎになって、あちこちを見物している。中にはアメリカの国会議員のあとをゾロゾロとついて回る集団があり、あの数で執拗に陳情されたら、さすがにアメリカの議員もかなうまいと思われた。金曜日の夜になると、どこにでもいた日本人留学生の姿が見当たらず、夕食を奢ってやる費用が浮くのは助かるが、一方で、自国の衰退を目の当たりにしているような寂しさを感じないではおれない。

こうした現象は世界中あちこちで起こっていて、中国人及び中国が大きな存在感を持ちつつある世界で、日本人及び日本が、今後、いかに存在感を維持しながら生き残っていくか、真剣に考えなければならない時期になっている。今の日本に必要なのは、衰退を食い止め、人口が減少しても現状維持をはかる国家戦略で、右肩上がりを求めるのは、現状維持に成功したあとの話である。多くの日本人は高度成長期の頃が忘れられず、相変わらず変わり映えのしない右肩上がりを目指す政策やイベントを企画し、箱モノを購入し続けているが、日本が置かれている位置が見えていないのだろうか。

このような日本が直面する状況がよく見えないのは、今の状況にふさわしい国家目標、国家戦略が見つからないためであろう。日本が奇跡の経済成長を遂げ、ＧＮＰ世界第二位になり、世界各地への投資額をアメリカと争うまでになったとき〝エコノミックアニマル〟という辛辣な批評を浴びた。これに対して中国は、著しい経済成長を遂げつつあるとき、並行して軍事力を増強し、国内の改造計画を進め、新たな国際機構を立ち上げ、世界政治の中で重みを増してきた。第二次世界大戦の敗戦国となり、その後独立したとはいえ、アメリカの強い頸木の下にある日本とは国情が違うにしても、国家戦略に基づいて政治外交、軍事、文化等で発信力を高める中国との違いを感じる。

そうならば、これから中国はどこに向かおうとしているのだろうか。中国が急速な経済成長を遂げはじめ、先を行くＧＮＰ世界第二位の日本の背中が見えたと中国人が言い出した時から、わずか数年で追い抜き、年々差を広げはじめてからまだ十年もたっていない。この僅かの間に中国国内に起こった変化には驚くほど激しいものがあり、卑近な例を上げると、通勤時に見られた自転車の大群は完全に消え失せ、人民服で活動する中国人も見掛けなくなった。それはともかく中国社会で起きている最も大きな変化は、人口の重心が内陸部から沿岸部へと移り、海の近くに世界経済と直結する産業社会が形成され、海洋国家としての姿を見せ始めたことである。古代から続いてきた内陸アジアに目を向けた大陸国家ではなく、世界と海洋で交流する海洋国家に変貌を遂げてきたことである。

日中国交が開けて十数年間は、シルクロード、タクラマカン砂漠や天山山脈、チベット高原、ウィグル民族、長安等を取り上げたテレビ番組が頻繁に放映され、出版物もその関係のものが非常に多かった。これらを改めて見ると、随分と色褪せて見えるだけでなく、そのような場所に関心が薄くなっていることに気づく。そう見えるほど中国が海に面した国家に様変わりし、われわれ日本人も海側から中国を見るのが当たり前になってきているということであろう。

歴史的地理的に見ると、北方民族との抗争を繰り返し、万里の長城まで残した中国は、紛れもなく大陸国家で、上海や広東をはじめとする海に近い大都市が中国経済に重きをなすようになってからまだ幾らの時代も経っていない。大陸国家として長い歴史を有し、広大な国土を有する中国が、二十一世紀になる前後から「世界の工場」と呼ばれるようになり、海洋国家を目指そうとしている目立った兆候が現れてきた。シルクロードともてはやされた内陸アジアには豊かな未来がなく、海洋に向かって発展することが国家の繁栄を実現し、生き残る道であると確信しているかのようだ。

地理的条件は何も変わらないのに、大陸国家から海洋国家への変身はおかしいではないかという疑問があるかもしれない。しかし理由は幾らでもある。技術の進歩で陸上交通より海上交通の方が商品を沢山速く、安く運べ、貿易相手国や工業資源の産出地も海の向こうにあり、経済発展の道を目指すのであれば、断然、海洋国家の方が有利である。また、昔は周辺の異民族の侵入が繰り返され、こうした国境紛争の対処が王朝の重荷になったが、昨今は大きな国境紛争はなく、安心して海洋進出できる環境になったことも、海洋国家に変質する大きな背景になった。

海岸線が短ければともかく、長大な海岸線を持っている中国には、海洋国家を目指せる条件があり、これまではこの条件を生かす発想がなかった。世界最大の人口を抱える国家にとって、国民を飢えさせないこと、できれば少しでも良い生活をさせたいということが最大の使命だが、内陸貿易に期待していては少しの解決にもならない。海洋を利用して発展する産業社会を目指すのが最善の選択肢であることは、イギリスやアメリカ、そして、すぐ近くの日本の先例を見るまでもなく、海の向こうに有望な市場や資源供給地があるのを見れば当然のことといえよう。

ここで海洋国家と表現したのは、東は東シナ海の沿岸部から西はタクラマカン砂漠の果てまで約四千五百キロに達する国土で、人口の重心が年々海岸部に近づきつつある事実に基づいている。沿岸部一帯に各種工場が林立し、生産された商品を船舶や航空機で海外に輸出する産業構造が成立し、中国経済発展の牽引役を担うばかりでなく、世界経済をも支えるまでになっている。この産業構造は、海洋に向かって発展した先進国と近似し、海軍力がこの構造を下支えしてきたが、その点も含めて中国は海洋国家と呼んでもおかしくない変貌を遂げつつある。

十九、二十世紀に海洋通商によって世界経済を動かしたイギリス、アメリカと同様、二十一世紀においても、海洋に進出して世界各国と広く通商しなければ、国際競争に打ち勝つ力を獲得し、世界をリードする位置に立つことは難しい。今日の経済活動では、製品の種類、製品に使用される材料の種類、部品の種類等は驚くべきほど多岐多様化し、それにつれて分業化が国内から世界へと拡大し、一国ですべてを賄える時代ではなくなった。巨大な労働力を抱え豊富な地下資源を埋蔵している中国にしても、すべてを国内で賄うことができないため、諸外国との分業化を進めてきた。今後も分業化が世界の大勢であることは間違いなく、そこで大きな地位を得ようとすれば海洋国家の道を進み、分業化しやすい環境を整えていかなければならない。海洋国家として生きていくためには長大な海岸線を有し、良港にも恵まれ、伝統がないという以外、これといった障碍はなさそうに見える。だが、懸念される課題がないわけではない。

というのは、中国の海岸線は大きく分けて、東シナ海と南シナ海に面する海岸線から成るが、東シナ海は日本領の薩南諸島、琉球諸島から成る南西諸島に取り囲まれ、南シナ海は、フィリピン諸島、カリマンタン（ボルネオ）島に取り囲まれている。この点で、太平洋や大西洋に直接面しているアメリカ、大西洋に浮かぶイギリス、太平洋に面する日本とは大きく事情が違っている。単刀直入にいえば、東シナ海と南シナ海を取り囲むこれら島嶼群を有する国家のために、万が一の時には太平洋進出が制約を受ける可能性があることで、海洋進出が完全なフリーハンドではないという条件を抱えていることである。

島嶼群を有する国家と友好関係を築くのであればまったく問題ないのだが、近年の島嶼群を有する国家に対する中国の態度は強圧的であり脅迫的であり、友好関係を深めて協力を引き出そうとする穏やかなものではない。古代から近隣の国家を中国皇帝の家来である国王が治める属国と見なす中華帝国観があり、「遠交近攻」を外交政策とする伝統が顔をもたげてきたのか、ことさらに周辺地域に緊張を醸し出す傾向がある。英仏蘭等の植民地から独立をはかる過程で、民族主義のエネルギーを中国と共有したと信じる周辺国には、軍事力や経済援助を見せつけながら自己中心的活動をする中国に失望し落胆する声が聞こえてくる。こうした国々に緊張材料を突きつけて対立を煽り、海洋進出に脅威があるとして、大海軍の建設に余念がないのが最近の中国であるように見受けられる。

日本との戦争、国民党との戦争を通して国づくりをしてきた現在の中国政権は、軍事力の重要性を深く認識し、一貫して軍備の近代化と強化に熱心に取り組み続け、今や国土の広さや人口の多さに十分対応した世界屈指の軍事力を保有するに至っている。国土を守る軍事力を保有することは国家の権利であり、誰もこれを非難し否定していない。だが、昨今のこれ見よがしに軍事力を誇示する姿勢を見て、かつての帝国主義列強と変わらないことに驚き、これまで中国が欧米の価値観と異なる新しい未来を創造するのではないかと期待していた諸国は、一様に落胆しているのではないかと思う。

二十一世紀になってもう二十年を超えるが、日増しに存在感と発言力を高めている中国を見ていると、今世紀は常に中国の動向を意識して過ごす時代になりそうだと感じさせられる。その時代が開放感に溢れ希望に満ちたものであればともかく、軍事力や経済力を誇示し、自国の国益ばかりにこだわる中国から受ける予感が明るいものであるはずがない。筆者一人の杞憂であれば潔く修正に応じるが、少数民族の共存すら危ぶまれる漢人至上主義、日増しに脅威と緊張感が高まる東シナ海及び南シナ海の情勢を観察すると、失望だけではすまないと思うようになってくる。

本書は警世を目的としているわけではない。近年評判になっているＡＩは、未来さえも明らかにできるすぐれもののように宣伝されるが、どんな利器にも未来を描く能力などなく、過去の諸データを分析して予測を立てるだけにすぎない。データの多くは紙資料に残された記録だが、その紙資料に問題がある。時間がたてばたつほど散逸し、複雑な経過を辿りながら今に残る資料にはそれぞれ個性があり、一次資料、二次資料といった価値の等級が生まれてくる。これを承知して資料を利用しないと、とんでもない間違いを犯すことがある。ＡＩに読み込ませる資料について、単純なデータを入力し、単純な予測しか期待できないというのが、歴史を専門にする研究者たちの見解である。

日本では、歴史家は昔のことを研究していればよいのであって、今日の国内政治や国際情勢に口を出したり、今後の行く末を論じるなど、分をわきまえない不埒な者として白眼視されることが多い。そのため歴史家が現在の問題を取り上げることなど、ほとんどないといってよいだろう。しかし、相手が中国であれば、歴史家の発言はもっと尊重されるべきであろう。中国を歴史を大切にする国家などというつもりはないが、歴史を駆使して今を語るのが中国政治の特徴で、歴史を知らなければ政治家の発言の真意が理解できないことが多いので、歴史家に発言を求める機会が増えてくるのではなければおかしいのである。

どこの国でも概ねそうなのだが、何か大きなプロジェクトに取り組む際には、歴史の中で似たようなことが行われたことがなかったか、それを進める大義名分は何であったか、その成否はどうであったか、影響はどうであったかを調べてみる。もし何か教訓が見つかれば、参考にして生かした方がよいのであれば計画を修正したり、新たに一項目を加えるなどの変更を行う。歴史を振り返る作業について、行政上の手続きぐらいにしか考えない国もあれば、真剣に取り組んで大きな変更も厭わない国もあり、対応はまちまちである。

日本は歴史を尊重する国に見えるが、どちらかといえば前者に属す。アメリカなどは歴史がない国だが、後者に属す。中国は歴史を大いに活用するが、歴史そのものに対する解釈が違うので、どちらにも属さないのかもしれない。歴史を政治の道具にしているという意見があるが、国により程度の差こそあれ、それはどこでも同じである。また、歴史が残した教えを尊重するのも同じだが、やはり国により程度の差があるのも同じである。ただ、歴史を政治の道具にする点でも、歴史が残した教えを尊重する点でも、中国はもっとも熱心な部類の国に入るのは間違いない。

なお、歴史について語る場合、最近日本では資料保存、文書管理の問題が取り上げられることが多い。本論の趣旨からそれるのであまり踏み込むつもりはないが、日本の文書管理が先進国らしからぬというより後進国以下の体制で、無責任の誹りを免れないほど杜撰なのは、政策立案から実施までのプロセスの中で、過去の事例や前例に関する調査検討が組み込まれていないか、あっても形式に過ぎないことと関係している。こうした日本の政策立案方式は日本に限ったことで、その一因は、明治維新後における欧米先進国の先例を政策立案の根拠にしたこと、太平洋戦争後にＧＨＱの指示のままに政策を立案したことに関係があったと考えている。

話を元に戻すと、中国は海洋進出策を立案する際に、当然のように歴史に参考になる事例を探し求めたにちがいない。それに中国軍が深く関わっているとすれば、軍の性質上、歴史に先例を求め得る作業を積極的に行ったと思われる。しかし、これまで海洋との関わりが少なかった中国では、歴史の中に参考になる事例を見つけるのは困難であったであろう。とくに中国の近代は、日本及び欧米列強に国土を植民地化されるもっとも苦難に満ちた時代であり、一八九五年に日清戦争で北洋艦隊が壊滅したあとは、事実上、海洋進出ができなくなった。一九一一年に清朝が崩壊し、その後、軍閥と革命勢力との激しい国内抗争が続き、海洋面に目を向ける余裕をさらに失った。

これでは一番関心のある近代において、中国の海洋進出の事例が一つもないことになる。だが、同じ東アジア人の海洋進出ならば、日本という先例があった。無論、国情の違う二国のことだから、共通性のないところも多々あったが、似ているところも非常に多かった。中国人は本質を見出す能力に長けており、些末な点で異質なものが無数にあっても気にしない大陸的態度は、日本人が真似したくてもできないものである。日本の台頭期は中国の衰退期であり、日本の海洋進出期は、中国の陸地への後退期である関係にあったといえるので、中国にとって欠けている時期を、日本の海洋進出活動で補えばよいという関係になる。

中国が海洋進出にあたり、参考になる事例を日本軍の活動に求めたことは疑いない。となると、日本の海洋進出策を明らかにし、中国の海洋進出策との共通性、近似性を求めれば、中国が進む方向が見えてくるかもしれない。

本書では、中国の海洋進出策は日本のそれを再構成したものであるという視点に立って、近年中国が力を入れているニューギニア・ソロモン方面を中心とした南太平洋方面への進出と、南シナ海の島嶼群の領有と南シナ海の領海化の問題に焦点を当てて論じたいと思う。いずれも太平洋戦争において、日本軍が積極的進出をはかった地域で、中国が日本軍の狙い、作戦構想、作戦計画と実施について調査研究し、参考にしながら、今日の海洋進出策が立てられ、実行されていると見られる。

とくに、作戦の目的・意図は、中国の南方進出策全体に大いに役立ち、戦略を組み立てる上で裨益するところが少なくなかったと見られる。今後、南方進出策を進めながら何を目指すのか考えてみたが、予想を的中させることより、外れることを祈って述べてみたい。本書は、中国の海洋進出が日本軍の先例を参照して計画されたという前提のもとに、日本軍の作戦と関連づけて考えてみたものである。もとより現代政治に疎い歴史家の考察など、日本では相手にされないことを承知の上で縷々述べるが、中国の海洋進出が歴史を度外視して論じられている現状に一抹の危機感を感じ、敢えて筆を執った次第である。

目次

第一章　日本軍が示した先例

一　近代の海洋進出史を欠く中国

兵器のテストはできるが、戦争のテストはできない。〝やってみたら、うまくいかない。それならば次の方法でやってみる〟、といったテストができないため兵棋演習が発達した。近年、技術の向上により、かなり実戦に近づいたシミュレーションができるようになったが、現実には様々な要素が絡むため、それも一つの参考例にしかならない。歴史の中には、小国が大国を打ち破ることもよくあり、シミュレーションでは予想できない要素があることを教えてくれる。

指揮官の健康状態や、過去のしがらみ、家族関係といったことから、当日の天気、地理的位置など、戦闘を左右する要素はそれこそ無限といってよいかもしれない。戦闘が長引いたときには、将兵の文学、哲学、宗教といった人文的要素が意外な力を発揮する場合もあるし、何が大きな要素になるかは、やってみなければわからないのが現実である。指揮官には、大きな不安を抱えながら命令を出さなければならない場面が必ずあるが、同じ条件下でテストし、その結果が良ければ安心して命令が出せるのだが、戦争ではそれができないのである。

軍人は歴史に関心を持っているとよくいわれる。先延ばしが許されない決断に迫られることが多い軍人には、歴史の中で自分に似た境遇に置かれた人物がどう動いたか、どうして成功あるいは失敗したか、詰め込んだ限りの知識を思い出して想像してみる。いわば、歴史を使ってシミュレーションをしているのである。作戦をまかされた指揮官は、責任の大きさゆえに苦悩し、こうしたシミュレーションを繰り返し、抜かりがないようにあらゆる角度から納得が行くまで検討を繰り返したという話を何回も聞いた。こうした意味で、軍人は歴史に強い関心を持っているといわれるのである。

戦史に関する解釈が国や民族によって異なるため、内容には随分と大きな違いがあるのはやむをえない。顕彰を重んずるもの、歴史観や戦争哲学を重んずるもの、記録性を重視するものなど、それぞれの国家や民族の歴史・伝統・文化、あるいは政府と軍との関係、軍の組織制度等によって違いが滲み出てくるらしい。しかし、戦史から教訓を引き出し、万が一の際に参考にして作戦立案や問題解決に役立てようとする姿勢には大きな違いはない。

近年における中国の海洋進出に当たっても、歴史の中に参考になるものはないか、各機関がチームを作って調べたに違いない。その一つである中国海軍も同じ調査をしたはずだが、中国史上で中国水師が海洋進出をはかり、通商圏や国権を拡大した事例を探し出すのは困難であったはずである。というのも、元来、中国は大陸国家であり、農本主義社会であった。自給自足を達成するのがさほど難しくなかった中国では、通商圏の拡大を求める国内からの圧力は強くなかった。明王朝の時代に鄭和の大艦隊がインド洋のマダガスカル島や中東まで進航したことがあったが、皇帝の気まぐれな国威発揚の側面が強く、過ぎ去ってしまうとあとには何も残らなかった。

十六、七世紀のスペイン、ポルトガル、オランダは、国権に依る海洋進出と通商圏の拡大を結びつけながらインド洋、東南アジアへとやってきた。十八、九世紀、あとを引き継いだイギリス、フランスは貿易の拠点を獲得するだけで満足せず、地方王朝あるいは全国の上に立つ中央王朝までも屈服させ、間接的支配をするようになった。英仏両国が中国にやってきたとき、運の悪いことに清王朝の衰退期に重なり、一九一一（明治四十四）年に王朝支配に終止符を打った辛亥革命まで、参考になるような海洋進出の事例を残すことができなかった。

欧米列強が全世界に植民地を広げ、世界秩序を築いて、関係する諸国が紳士協定的にこれを遵守した十九、二十世紀において、アジアの一国でありながら独立を守り通したのが日本である。一八六七（慶應三）年に徳川幕府に代わって成立した明治維新政府は、遮二無二近代化政策を推し進め、国力を増強して日清・日露戦争に勝利し、列強に伍して朝鮮、中国の植民地化競争に加わった。だが、余りに性急な近代化政策は、国内に社会矛盾を鬱積させた。そのため日本は、強硬な対外政策または事実上の戦争である事変を繰り返し、国内に革命的混乱が勃発するのを防止する強圧的政治を行わざるをえなくなった。

昭和になってから日本は米英等との対立を深め、ついには太平洋戦争に発展するが、この戦争には、植民地になったアジア人が植民地宗主国の欧米列強と戦い、これをアジアから追放するという解放戦争的側面がついて回った。自らも植民地宗主国になった日本が植民地化されたアジア人と連携し、欧米植民地宗主国を追い払うというのは虫が良すぎる話だが、太平洋戦争には解放戦争的側面が存在したことは否定できない。それだけに、アジア諸国が、太平洋戦争を自国の解放戦争として捉えて、そこから近代戦争の教訓を学び取るのを、手前味噌的なご都合主義と決めつけることはできない。太平洋戦争を教材として、中国がこれから利用できることがあれば利用し、手本にすることがあれば真似ても、おかしなこととして批判できないことも納得できよう。

さて筆者は、ニューギニア戦史を書くために、何度か東部（パプア）ニューギニアを訪れたことがある。そこで三代か四代前から住みつき、見立たぬようにひっそりと暮らしている華僑から考えもしなかった指摘を受けることがあった。

東部ニューギニアの宗主国は、第一次世界大戦までがドイツ帝国であり、同大戦でドイツが敗れたためにイギリスが新しい宗主国になった。ドイツ語の地名が多く残り、太平洋戦争期までジャングル内にドイツ系の教会や修道院が残っていたのはこのためである。宗主国がイギリスに代わると、ニューギニアにまで手が回らなかった同国はオーストラリアに経営をまかせた。それから間もなくニューギニア各地で金鉱石が発見され、オーストラリア人が大挙して押し寄せるゴールドラッシュ現象が起こり、そのためか熱心にニューギニア経営に努めたように見える。

これ以前から住みついていた華僑は、宗主国のドイツやイギリス（オーストラリア）に睨まれないように目立たず、現地人の敵意を招かないようにひっそりと暮らしながら、この地の経済の中で隠然たる勢力を築いてきた。こうした生き方は、華僑が外地で成功、失敗を繰り返しながら、自然に身につけた智恵というべきものであろう。

二十世紀末まで、ニューギニアの中国人といえば、この影のように暮らしている華僑しかいなかった。それが二〇〇〇年代に入ると、飛行機の中で大声で会話し、街の目抜き通りを集団で歩く中国人をよく見掛けるようになった。中国人が農地や鉱山を買い漁っていると聞いたのはこの頃である。それから数ヶ月後、ワシントンに行ってみると、中国人の団体が歩道を塞いで通行を邪魔するのもかまわず大声で会話する光景を目の当たりにした。世界的規模で中国人がパフォーマンスを繰り広げているのではないだろうかと、言いしれぬ恐怖感に襲われたものである。
洪水のように平然と人の前方を塞ぐ最近の中国人は、ニューギニア社会の陰でひっそりと暮らす華僑とは、根っこは同じでも価値観も方法論の面でもまったく違っている。最近の中国人には、現地人の生活習慣や伝統を尊重する気配りがなく、現地人の家屋をブルドーザーで壊しても平気でいるくらい無神経で、住民と衝突事件を起こしても苦にしない者が多い。華僑たちは、こんな中国人のために長い時間をかけて築いた生活基盤を破壊されるのではないかと恐れ、苦々しく思っている。両者が衝突して、華僑が危害を加えられたという話もたびたび耳にした。
こうした華僑に、どうして中国人が大挙して未開のニューギニアに入って来るようになったのかたずねたところ、衝撃的回答が返ってきた。

「あなたたち日本人がこの土地の重要性を教えたのではありませんか。」

一瞬、何のことかなと思った。続けて

「日本はここに大軍を送ってきました。何の価値もないところに十五万人、二十万人もの大軍を送ってきますか。よほど重要なところであると考えていたのでしょう。だからアメリカ軍もオーストラリア軍も日本軍に負けないように必死に頑張ったのでしょう。」

と、率直な感想をつけ加えた。

戦争当時でさえ、日本の軍人もどうして「僻地」であるニューギニアに大軍を送るのか、その目的を知らされていた人はごく一部であった。そのくらいだから戦後の日本人は、地獄の戦場とか、先に死んだ同僚を食べたといった忌まわしい話くらいは耳にしているが、大軍が派遣された目的、大まかな戦いの経緯、戦った指揮官は誰で、どの部隊であったのか、どれほどの犠牲者を出したのか、そんなところまで知っている人はほとんどいない。それどころか、最大の激戦地ニューギニアで戦った事実さえ知らない人が非常に多いというのが実態である。

華僑の話から、近年押し寄せる中国人が、日本軍がニューギニアで激しい戦いをしたことを知っているだけでなく、この地で戦った目的や、どのような戦いを繰り広げたのかも知った上で、この地に来ているらしいことがわかった。彼らが何のためにニューギニアの戦いを学習したのか、学習の機会をどこで持ち、学習の目的は何であったのか質すべきでもあった。そんなことを次から次へと考えているうちに、思いがけず大きな真実にたどり着くことがある。

こうした疑問を持ったときよりかなり以前に、ある出来事があった。神田神保町のいつも行く古書店を訊ねたとき、店主が

「最近中国人らしき人が戦史叢書をまとめ買いして行くんですよ。それも南方作戦に関係するものばかり……。」

と、つぶやくように話してくれた。これがいつのことだったかはっきりしない。

筆者の大学院時代の専攻は中国清朝史、それも満洲時代の清朝史であった。だがその一方で、東京市ヶ谷の高台（現防衛省）にあった防衛研修所戦史室をしばしば訪ね、戦史についてかじりはじめた時期でもあった。資料を閲覧させてもらったり、小学校や中学校の職員室のような大部屋の真ん中にあるソファに座り、お茶をすすりながら所員が話す戦史に耳を傾けたりした。このときに聞いた話が、日本軍事史にのめり込んでいく過程でどれほど役に立ったか、筆者の軍事史研究の原点はここにあると思っている。

神保町に足繁く通い、関係図書を集めはじめたのは三十代半ばからであった。おそらく中国人の「戦史叢書」購入の話を聞いたのは、一九八〇（昭和五十五）年頃ではなかったかと思う。戦史叢書の刊行が終わったのは昭和五十年代半ば、つまり八〇年頃だから、まだ古本市場に流れ出る以前である。中国人が苦労して探し回ったために、神保町界隈で話題になったのではないだろうか。出版を請け負ったのは朝雲新聞社で、一般にも分売したはずだが、もしかすると最初はセットで販売し、あとから分売をはじめたのかもしれない。筆者の曖昧な記憶では、出版元は一〇二巻の全巻揃いを全国の図書館や大学の研究室に売り込みをはかり、個人に売る気はなかったように記憶している。「戦史叢書」をバラで集める人はなく、必要箇所をコピーして読むのが普通のスタイルであった。間もなくバラで購入可能になったはずだが、その時期がいつ頃であったのか記憶していない。

その時、筆者は「台湾の人ですか、香港の人ですか」と店主に聞いたのを覚えている。台湾や香港ではしばしば日本の本を復刻して、貧しい研究者を助けてくれることがよくある。しかし、店主は、

「いや。大陸の人だと思うよ」

と答えたあと、復刻するなら版元に行くと思うよ、といった趣旨の話を聞かされた記憶がある。

購入者が大陸から来た中国人だとして、一般の中国人が来日できない時代であったから、政府関係者だろうと推測された。その時は、「戦史叢書」購入に中国のどんな意図があるのだろうか、その背景は何だろうかなどと詮索もしなかったから、たぶん聞き流したのであろう。店主とはその後何度も会ったが、この件を再び話題にすることはなかった。筆者がこの件を思い出すのは、二〇〇五（平成十七）年にニューギニアに行った際、洪水のような中国人の進出を見たときである。

「戦史叢書」購入が、二〇〇〇年代に入って、しばらくしてはじまったと見られる中国の南方進出あるいは海洋進出に緊密な関係があるのではないかとする推測について、その後、裏づけとなる資料が見つかったわけでない。ただ中国の、とくに軍の行動の前には必ず歴史上の先例に関する調査が伴うという慣行に従えば、欠けた部分の多い中国近代史を、日本の近代史によって補填したのではないかと考えたのである。そこで、最近の中国の行動が近代日本の行動と近似している点がないかと注意して観察してみたところ、幾つもの類似点を見つけ、推測が確信へと変わった。こうした推測が当たっているかいないかは、中国政府が公式に認めてくれさえすればすぐに決着するが、厚い官僚群の防波堤のために本心が伝わってくることはありえない。公文書を公開するかもしれない五、六十年後まで待てばはっきりさせられるかもしれないが、こうした推測が大きく外れていることはないと信じている。

前述したように、清朝が凋落し、沿岸地方が欧米の植民地同然になった近代における中国には、参考にすべき事例がなかったことを否定しようがない。中国が欲しがったのは、外圧をはねのけて海洋進出を実現していく積極的国家像と、進出過程において参考になる事例と教訓であった。一方、長い鎖国体制から開国し、欧米の諸制度を導入した隣国の日本は、維新後、非常な勢いで近代化政策を推し進め、国権の伸張をはかるとともに外圧による脅威をはね返すことに成功しており、その頑張りには模範として大いに活用する価値があった。

だが、日清戦争で勝者に回ると、日本は欧米列強の植民地政策に追随するかのように大陸及び海洋への積極的進出をはかり、中国は日本のために大きな犠牲を払うことになった。とはいえ、この時代の日本の近代化の成功はアジアの国家として唯一で、アジアの人々が日本を模範にして近づこうと努力したのは自然の趨勢である。日本もアジアにおけるこうした努力に応えようとする時期があったが、欧米のパワーポリティクスに仲間入りするようになると、アジアに対して尊大な態度をとり、欧米列強に対しては力づくで対決する姿勢を示しはじめた。

中国やアジアの人々の関心が最も高いのは、太平洋戦争であることはいうまでもない。日本がアジア人を抑圧した事実はともかく、アジアの一国が欧米諸国と対決したという事例は、この戦いをおいて他にない。したがって、後世のアジアの国家が欧米との対決の先例を探し求めると、必ず太平洋戦争に行きつくことになる。

二〇〇〇年代になって中国が南方への海洋進出に乗り出すに当たり、地理的に近い日本の南方進出策が、非常に参考になったことは間違いない。近年とくに注目を集めている中国の南シナ海進出策は、太平洋戦争開戦前後に、日本軍が中国領を拠点としたことから、これ以上ない先例、模範として、記述に日本軍とあるところを中国軍に置き換えて読めば、問題点を把握し、教訓を抽出することができた。

中国の海洋進出策について、国際政治学的な視点で論ずるものが圧倒的に多いが、短期の政策立案や実行ならばそれでよいだろう。しかし百年、二百年といった時間の流れの中で問題を捉え、五十年、百年後を見据えた政策づくりに取り組む伝統のある中国では、欧米流の尺度では問題の本質を見失うこともある。近代軍事学を学んだ軍人のやり方は、どこの国においても概ね共通しているが、歴史のどこかに似た事例を求め、それを現代化して実行可能か否かを判断する。現実という舞台では、似ていることがよく起こり、解決法も大体似てくることから、過去の事例に学ぶことが最も堅実な方法の一つとして考えられている。過去の経験を学ぶことによって失敗のリスクを減らし、無益な犠牲を避け、少ない出費で多くの成果を上げることが期待できる。人命を預かる者として、少しでも犠牲を減らして成果を上げることを目指すと、方法の選択肢はどうしても少なくなる。

太平洋戦争における日本軍が中国の南進策のモデルであるというのは、国際政治学者からは奇想天外として一笑に付されるかもしれない。日本と中国が起こした行動には半世紀以上もの間隔があるが、対象国がアメリカという最も肝心な点で一致し、アメリカの太平洋支配に打撃を加えるにはどこに力を加えれば良いかという課題でも完全に一致し、中国にとっては日本軍の半世紀以上前の作戦であっても、まさに絶好の事例であろう。日本軍の作戦を復習し、そこにあった問題点を整理し解決すれば、あとは日本軍が成功した地点から出発さえすればよいのである。それほど日本の作戦は、今日の中国の南方進出に直結する価値を持っていたと考えられる。

そこで改めて、日本軍の作戦のあらましを回顧し、戦いの目的や作戦計画がいかに歴史の流れに適っていたのかを精査し、目的の意義や戦略の問題点について取り上げる。それは、そのまま中国が行動を起こす際の教訓あるいは留意事項になり、中国の南方進出における今日までの成果につながってくると見てよいのではないだろうか。

二　南方に縁がなかった中国のニューギニアと南シナ海への進出

日本軍のニューギニア戦の概説は章を改めて述べることにして、ここでは必要最低限の要点だけ述べたい。

ニューギニア・ソロモンへの中国民間人の進出とニューギニア戦史とが深く関係していることは間違いないとして、これと近年とかく国際世論の非難を浴びる南シナ海進出とがどのように関連しているのか、中国当局の言動からははっきりとしたことはわからない。同じ海洋進出で、しかも南方への進出であれば、グローバルの戦略があって、二つの進出策はその一環であるという解釈ができる。しかし、中国政府の説明がない現時点では、日常の活動においては直接の連携はないという見解に立ち、論を進めることにする。なお、唐突かもしれないが、ニューギニアは太平洋進出、南シナ海はインド洋進出を意図した行動ではないかという、筆者の推測だけを記しておきたい。

太平洋戦争における日本軍のニューギニア及びソロモン諸島への進攻策は、海軍軍令部が米豪連携遮断を目的に計画したものである。米豪連携遮断策が海軍で広く支持されていたわけでないが、作戦を立案する海軍軍令部作戦課を中心に進められた。航空部隊を先鋒とする米軍が太平洋を北上する場合、必ずオーストラリアを拠点にするという確信に基づいて、この進攻策は立てられた。この地域、というより太平洋は海軍の担当範囲で、陸軍は中国大陸及び現在のインドネシアのジャワ島以西の東南アジアを担当範囲とした。したがって開戦初頭、太平洋方面には、海軍から出動を求められたわずかな陸軍の協力部隊がいるのみであった。だが、戦いが激しくなると、海軍からの度重なる派遣要請が行われ、太平洋方面に派遣される陸軍部隊が増えてきた。ここで取り上げるニューギニアは、本来、海軍の戦場だが、海軍は途中で調整もせずにソロモンに重点を移し、陸軍の担当地域にしてしまったところである。

ニューギニアは日本本土の二倍もある大きな島で、東経一四一度線で東部（パプア）ニューギニアと西部ニューギニア（西イリアン）に分かれる。日本陸軍はこの境界を考慮して、第一八軍を東部に置き、第二軍を西部に配置した。マッカーサーが指揮する連合軍南西太平洋方面軍はニューギニア全島を一つの戦場として作戦したが、日本軍は一つの島を半分に分け、二つの軍が別々に戦う体制にした。そうなると、想定上、進撃するマッカーサーの軍が東経一四一度線に達したとき、戦う日本軍が交代する珍現象が生じることになる。第一八軍と第二軍とが連携していればまだよいが、第一八軍がラバウルの第八方面軍、第二軍がセレベスの第二方面軍の指揮をそれぞれ受けることになっていたから、まったく共闘できる体制ではなかった。東京の官吏同然の陸軍幕僚が現地の実情を無視し、紙面を清楚に仕上げる机上作業で決めたもので、このため三年近くニューギニア戦を担った第一八軍は非常な不便を強いられた。

ところで、第一八軍と第二軍を合わせると、ニューギニア戦の総兵力や全犠牲者数が出るが、両者を合わせた正確な統計すらないのが実情である。出回っている関係書は、東部ニューギニア戦を以てニューギニア戦としているのがほとんどで、そのため第一八軍を主体とする兵力や犠牲者の数値を以てニューギニア戦の全数としている。その原因は、第二軍が西部ニューギニアのほかセラム島やセレベス島を担当範囲としたため、ニューギニアにおける兵力や犠牲者だけを取り出すことができないからである。

ニューギニア戦は三年三ヶ月に及び、これほど長く戦闘が続いた戦場は、太平洋戦争においてほかにない。これだけ長いと、ニューギニアに送り込まれても、途中で他地域へと転戦する部隊もあるわけで、ニューギニアに派遣された兵力といっても、簡単に割り出せない事情がある。筆者も何度も計算を繰り返したが、今日まで確信できる数値を出せないでいる。しかし、どうしても概数だけでも明らかにしなければならない場合には、延べ兵力約二十二万人から二十五万人、犠牲者約十八万人から二十万人とし、第一八軍の兵力については、一九四三（昭和十八）年六月頃がピークで、そのときには約十五万人を超えていたのではないかと回答することにしている。

ニューギニア・ソロモン戦の最大の特徴は航空消耗戦であったことで、本土以外に展開した三万六千機のうち、三分の一に当たる一万二千機がこの戦場で失われ、精鋭のパイロットと最新鋭飛行機の喪失は二分の一に達すると見られる。なお、ニューギニア戦線で失われた陸軍機は七千機にのぼり、全戦線で失われた陸軍機の四〇％を超えている。これも概数だが、この数値からして、太平洋戦争における航空戦は主にニューギニアとその周辺で行われ、大半の航空機がニューギニア方面で消耗されたことになる。

初期は米豪連携遮断を目的とするニューギニア戦の戦場であったが、徐々にマッカーサーの率いる連合軍南西太平洋方面軍のフィリピン進攻、日本本土進攻を阻止する戦場へと変わった。第一八軍は、一九四四（昭和十九）年二月までの一年半、連合軍南西太平洋方面軍の西進をニューブリテン島とニューギニアを結んだ線で食い止めていた。ところが、ラバウル航空隊がいなくなるとともにニューギニア戦線が崩壊し、マッカーサーのフィリピン・レイテ島進攻が早まった。ニューギニアの日本軍は総崩れになり、このときから連合軍のフィリピン進攻、本土上陸が現実のものになったということができる。

牽強《けんきょう》付会《ふかい》は避けなければならないが、ラバウル航空隊が頑張っていた頃の第一八軍は頑強で、連合軍はニューギニア戦線をわずかしか動かせなかったが、ラバウル航空隊のトラック島への移転とともにニューギニア戦線が崩壊し、戦線も一気に西方へと動きはじめた。つまり、ラバウル航空隊の移転がニューギニア戦、ひいては太平洋戦争における一大転換点になったのである。この問題については、改めて取り上げることにしたい。なお、太平洋戦争期のマッカーサーの戦歴を紹介すると、ほとんど二年余をニューギニア・ソロモン方面戦に費やし、日本人が彼の名を聞くと反射的に結びつけるフィリピン戦に従事していたのは十ヶ月に満たない。

これだけ付言すれば、太平洋戦争におけるニューギニア戦の占める位置がおおよそ理解できよう。しかし、三年を超える長期消耗戦で、華になる会戦が少ないと思われているためか、戦史家が取り上げる機会はめったにない。三年を超える消耗戦が国力の乏しい日本をどれほど苦しめたか、米軍の物量作戦に日本軍は負けたとする戦後日本人の所感が誤っているとは思わないが、ニューギニア・ソロモン方面戦が太平洋で最も広い戦場であり、最も長く戦闘が続いたがゆえに、米軍の物量作戦の威力が遺憾なく発揮され、日本軍の弱点が余すところなく暴露されたことについて理解している日本人は少ない。

ニューギニア戦が決着すると、前述のようにマッカーサーの軍勢はニューギニアからフィリピンに進攻するが、そのとき、フィリピンの日本軍にはろくな武器はなく、数も著しく不足していた。ニューギニア戦で武器も兵員も使い果たし、フィリピンには僅かな武器しか残っていなかったのである。航空隊が特攻戦に踏み切らざるをえなくなった事情と背景は、ニューギニア・ソロモン方面戦を取り上げることによってはじめて明らかになる。

日本軍がニューギニアに精鋭部隊を送り込み、長期消耗戦になっても頑張り通したのは、ニューギニアを放棄した際の影響が甚大であることを理解していたからである。ニューギニア戦線が崩壊すると、連合軍がやがて本土に向かってくるかもしれないという懸念である。マッカーサーにしても、ニューギニアを奪取しなければフィリピン帰還、日本本土進攻が成し遂げられないと考え、彼が得意とする飛び石作戦を最大限に駆使して前進したが、それでも二年以上もかかった。

戦後になっても日本人は、ニューギニアやソロモンにおける戦いが日本にとってどのような意味があったのか考えようとせず、米海軍中心の太平洋戦争史観を鵜呑みにして、ガダルカナル島戦（以後、ガ島戦）だけを最大の激戦地として位置づけ、最大の戦場であったニューギニアを隅に追いやって、太平洋戦争の構造すらも歪曲する態度をとってきた。

これでは、ニューギニア・ソロモン方面に目的もなく陸軍航空戦力の半分近くを含む大軍を送りながら、三年近くにわたって無駄な戦いをしたことになってしまう。第一八軍等及び第二軍合わせて十八万人もの犠牲者を出した戦いに対して歴史的意義すら付していないのでは、戦死者を無駄死に同然にしてしまい、反省すべきは反省し、教訓として残すべきは残すという戦後を生きる者の義務を十分に果たさずにきたことになる。

侵略戦争に対する反省ばかりが叫ばれたこともあり、戦争の中で、日本軍が決めた方針や政策、軍人の人事、戦況の節目に下した判断等に対する検証がほとんど捨て置かれてきた。敗戦という特殊な事情を考慮すると仕方のない面もあるが、生き残った者の責任として、戦争という未曾有の大事件に残した足跡にどのような意義、問題があるかを検証し、可能ならば評価を下さなければならない。四年に近い大戦を行った事実が消せない以上、戦争が行われた地域に残した影響、戦争が残した教訓等を検証するだけではなく、日本軍の組織制度が戦時に暴露した欠陥・長所等を、また、戦争指導や作戦指揮において重大な判断ミスを犯していないかを精査し、反省すべき点があれば洗い出すという作業は決して無駄ではあるまい。

戦争の当事者であった日本人、アメリカ人、オーストラリア人は別として、海外には、客観的な視点でどちらの肩を持つでもなく、第三者としての冷静な目で眺めている人が少なからずいる。そうした人たちを含めて関心のある人なら誰しも、日本軍がどのような理由で、何を目的として、文明とは縁がないといわれたニューギニア、さらにはソロモン諸島にやってきたのかを知りたいし、あれだけの大軍と兵器を投入し、連合軍と三年以上も戦い続けたのは、よほど重要な目的や価値があり、どうしても獲得しなければならない理由があったと考えるのは至極当然である。

日本軍がなぜあの地域に進攻したのか、どうしてあれほどまでに戦ったのか、こうした問題に強い関心を持った第三者が中国人、いや中国政府、中国軍であった。純粋な好奇心からではなく、彼らが取り組もうとしている国家戦略、対外政策を実施するにあたり、日本の太平洋戦争の中に貴重な事例があることに気づき、本格的な太平洋戦争史の調査、研究を続けてきたと見られる。前述のように、開戦時の日本軍の南シナ海進出は中国を拠点に行われたから、主語の日本を中国に置き換えてみると、目から鱗が落ちるように新しい発見が相次いだことであろう。自国がやってきたことに関心が薄い日本人と比較すると、中国人の目の付け方は違うと思わざるをえない。過去の体験に学ぶ姿勢が弱く、時間軸上の変化を捉えて近未来の方向を模索しようとしない日本人が中国と競争していくには、時間を味方にする努力が必要であり、それすら容易なことではあるまい。

最近になって、なぜ日本軍が悪戦苦闘したこの地域に中国人が押し寄せるのか。それに関心もない日本人は、当然ながらその理由を詮索しようともしない。ところが中国人は、日本の先例からこの地の重要性を学び、おそらく国家の立てた戦略と具体的政策に沿って、商店経営、農場経営、鉱山開発、森林伐採と製材、道路・港湾建設等の名目で現地に住みつき、ニューギニア・ソロモンの地域経済、地方政治に食い込もうとしているように見える。

彼らは表向き中国政府に所属する官吏や軍人ではないが、中国政府の意向をくみながら活動していることは間違いない。中には、民間人を装って指示を出している軍人がいるかもしれない。だとすれば、これからの彼らは、日本軍の戦例から学び取った知見を参考にして立てられた戦略に基づき、それぞれの場所に割り当てられた目標に向かって進むであろうと予想される。すでにこの地域では、経済攻勢を主として、地方政府に対する無償援助、中国企業による設備投資など、いわゆる札束攻勢を展開していることが知れ渡るようになった。港湾全体の整備や大型船が接岸可能な岸壁の建設だけでなく、隣接する敷地の買い取りや借地を大々的に進め、従来の姿勢を変えつつあるオーストラリア政府を苛立たせることが増えている。

このように現下の中国人のニューギニアやソロモン諸島への進出は、違法性のない商業活動を中心としたものである。だが、その規模や速度が日本や欧米諸国の常識を超えているために、どうしても何かの企図を持っているのではないかと疑ってしまう。中国が自由主義社会であれば、こんな疑いが生じることもないであろうが、一党独裁の社会主義国家であるために、どんなところにも政策実現のために国家の意志が働き、指導が行われているのではないかと想像してしまう。ニューギニアをはじめとする南太平洋の島々への中国人の進出は、当然国家の政策であり、中国人は政策の枠内で動き回っていることは疑いない。こうした問題を次章以下で検討することにしたい。

これとは対照的に、中国の国家意志が明瞭で、その目的がどの辺にあるかもはっきりしているのが、南シナ海進出である。ニューギニア方面では経済攻勢を主体としているのに対して、ヴェトナム、フィリピン、マレーシア、インドネシアといった国々が取り囲む南シナ海では、中国海軍が前面に出て常識はずれの政策を強行し、珊瑚礁を盛土した島の建設、周辺国の権益を無視した海底資源の探査、漁業活動の独占など、目に余る行為が報告されている。さすがに通航まで妨害はしていないが、このままの政策が続けられれば、いずれ許可証を持つ船舶のみが通航を許可され、あたかも御朱印船時代に逆戻りしたようなことになりかねない。

歴史的に見ると、大陸国家であった中国が周辺海域に対して、このような領土欲を露骨に表すようなことはなかった。海洋を経て来航する者を受け入れる、受け入れないを分別する政策があっても、自ら海洋に進出し、遠方の島々を自国領とし、海洋に国権の樹立を求める能動性を示すことが極めて少ない大陸国家であった。中国沿岸部は、倭寇をはじめとする海賊に襲われる経験を何度となく繰り返してきたが、それは、中国王朝が海洋に対する取り締まりへの関心が薄く、もっぱら内陸や北方に顔を向け、海洋に背を向けた社会であったことを示している。

中国より遅れて開国した日本は、琉球王朝に対して中国との朝貢関係を停止させ、日本領化を進めた。一八七四（明治七）年には、日本は琉球人殺害を口実に台湾出兵を行った。これを護衛する一門ずつの大砲を積んだ二隻の商船にも対抗できなかった清朝は、ただ傍観するのみであった。甚く面子を傷つけられたと感じた清朝は、ようやく海軍建設を決意し、四つの艦隊の建設に取り掛かったのである。日本で知られた北洋艦隊のほか南洋艦隊、福建艦隊、広東艦隊はこのときに建設された。上記のうち三艦隊はある程度までは外国の艦隊と戦うことができる外洋能力を持っていたが、広東艦隊は広州湾周辺および流れ込む珠江に横行する海賊退治、密輸の取締を任務とする内洋艦隊に過ぎなかった。なお、この時期でも、南シナ海は中国にとって外国の海という位置づけで、もし、進出を企てる場合には広東艦隊の担当になるが、同艦隊にはそのような能力はなかった。

日清戦争で北洋艦隊が壊滅したあと、海軍を再建する動きは著しく弱まった。だが、日露戦争で日本が勝利を収め、ロシア勢力が退潮したことで東アジアにおける国際関係が大きく変わった。ロシアがバルカン半島に対外進出の矛先を向けたことで、ヨーロッパ列強の関心がヨーロッパに戻り、中国に対する外圧が弱まったことを感じさせた。こうした時期であった一九〇九（明治四十二）年八月、海軍再建の道を模索していた清朝は、海軍の中央統轄機構として日本の海軍省に当たる籌辧《ちゅうべん》海軍事務処を設置

1880～1890年代の清朝海軍の配置

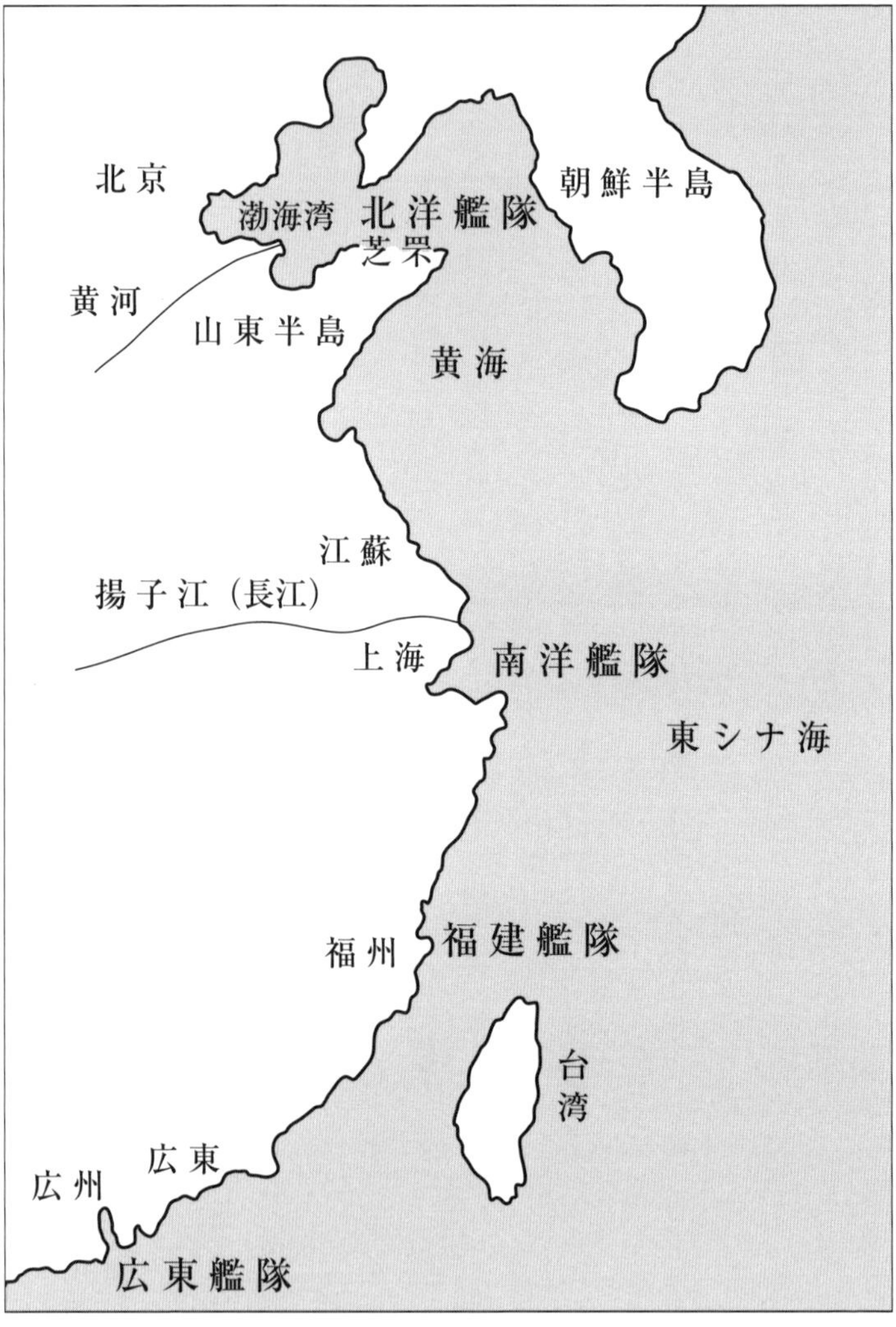

し、ついで全国艦隊の建設に取り組んだ。かつての四艦隊に残っていた艦艇をかき集めて南洋・北洋の二大艦隊を再編し、江蘇省以北を北洋艦隊、同以南を南洋艦隊の管轄とする計画がまとめられたが、財政難もあってさらに規模が縮小され、巡洋艦隊と長江艦隊を編成することになった。

巡洋艦隊は中国本土の沿海防備を任務とし、旧北洋艦隊所属の艦船を主力とする十五隻で編成され、また、長江艦隊は揚子江沿岸防備を任務とし、旧南洋艦隊と湖北艦隊所属の十七隻で編成された。巡洋艦隊は根拠地を山東省芝罘《チーフー》に置き、主に、渤海湾や黄海に面する沿海を警備して、首都北京に対する脅威を排除する活動をした。また、長江艦隊は根拠地を南京に置き、中国経済の動脈であり、列強の利害が輻輳《ふくそう》する揚子江流域を警備するのが主な任務であった。この程度の能力だから、南シナ海に対する関心が高まることはなかった。

二年後の一九一一（明治四十四）年、辛亥革命によって清朝が滅亡し、動きはじめたばかりの海軍再建もあえなく挫折した。

北京の新政府は、新たに海軍部と海軍総司令部を設置し、巡洋艦隊と長江艦隊を引き継ぎ、海防を目的とする第一艦隊、江防を目的とする第二艦隊に変更した。しかし、内乱の続発や財政困難により、一九二八（昭和三）年までに新たに建造された艦船は微々たるもので、二艦隊の維持すらもままならなかった。

袁世凱の死後、軍閥政権内で激しい混乱が続き、孫文が新たな革命運動を指導して広州護法軍政府を創設すると、一九一七（大正六）年に第一艦隊の主力艦十一隻が逃れて広東に投じ、中国の艦艇は三つのグループに分裂した。一九二六（昭和元）年、蒋介石の率いる国民革命軍が北伐を開始し、翌一九二七（昭和二）年には、北京政府下の中央海軍が蒋介石の国民政府に降り、さらに、東北海軍も国民政府に帰属し、国内のすべての海軍機関が国民政府の下に入ることになった。だが、これらを管理統制する組織も制度も未整備で、各艦艇グループは以前とあまり変わらない状態に置かれたままであった。

一九二八（昭和三）年に中央管理機構として海軍署が設置され、翌一九二九（昭和四）年に海軍部に改組され、中国の海軍組織も大幅に拡充された。一九三一（昭和六）年に陳紹寛が海軍部長になり、以来、彼の下で整備拡充が進められることになる。艦船増強だけでなく、人材育成、教育訓練機関の充実、港湾整備に取り組み、蒋介石が希望した一等海軍国の実現を目指した。

しかし、一九三〇年代に至るまで、中国は政治・財政状況も不安定で、海軍が求める最低限の予算さえ確保されなかったため、艦艇購入や教育施設の建設は遅れる一方であった。内政の不安定を反映して陸軍予算が優先される情勢の中で、共産勢力が台頭した。中国南部の広東、上海に拠点を置いていた蒋介石政権が、比較的近い南シナ海に関心を持ってもおかしくないが、政治の中心が中国北部にあり、そのため国民政府の軍はどうしても華北の動きに振り回された。

清朝の時代から蒋介石の国民党政権の時代に至るまで、中国と南シナ海との関係は希薄で、北京に政治の中心があり、揚子江流域に経済の中心がある限り、政府機関の関心はどうしても北京、上海の方に向いてしまう。それでもこうした情勢が落ちつけば、とかく放置されてきた地方にも注意の目が向けられたであろうが、これを困難にしたのが日本軍の南下であった。

一九三七（昭和十二）年七月、北京郊外の蘆溝橋における衝突ではじまった支那事変（日中戦争）は、はじめ、日本軍と蒋介石の率いる国民党軍との対立抗争であった。しかし、日本軍が国民党軍を追って南下し、欧米各国の利害が輻輳する揚子江流域に達すると、日本と米英との関係は悪化し、米英は蒋介石政権への財政援助のみならず軍事援助を強化しはじめた。内陸部に移って立て籠もる蒋介石政権に対する軍事援助を遮断するため、日本海軍は中国沿海部の封鎖を開始した。これに対して米英は、日本軍の手が届かないルートを見つけて援助物資を送り続けたため、日本海軍がこれを見つけては遮断するというイタチごっこが展開された。援助ルートは援蒋ルートと呼ばれるようになったが、ルートの開設と遮断を繰り返している間に中国本土の最南端部に至り、日本軍は南シナ海に出て作戦することになった。近代において中国本土にあった勢力が南シナ海に進んできた最初というべきであろう。

一九三八（昭和十三）年十月、日本軍が広東を攻略して香港ルートを遮断した結果、援蒋ルートは仏領インドシナ方面（現・ヴェトナム）へと移動し、遮断作戦を続けるには南シナ海に進出しなければならなくなった。中国大陸側から南シナ海を眺めると、進出する上で海南島が好都合の位置にあることが見て取れる。北京に首都を置く歴代の中国王朝は南シナ海及び海南島経営に無関心で、広東方面の地方機関が南シナ海に対する海南島の戦略的位置に気づいたぐらいであった。

日本では、南シナ海以南は台湾に駐在する陸海軍の担当であるという事情から、陸軍では大陸を南下してきた部隊と台湾の海軍機関が協同して海南島及び南シナ海経略の計画と準備を進めた。一九三九（昭和十四）年二月、陸軍第二一軍隷下の台湾混成旅団は海南島北部に上陸。一方、海軍陸戦隊は大陸から突き出た雷州半島を出発し、島の南部にある三亜に上陸し、周囲を占領した。

日本軍にとっては援蒋ルート遮断のために、南シナ海の一角を占領したに過ぎなかったが、関係各国に警戒されるところとなり、国際的に大きな関心を呼んだ。重慶にあった蒋介石は、外国人記者に対して、奉天が満洲事変の発端であったように、海南島は太平洋事変（戦争）の発端になると警鐘を鳴らしている。この指摘は、海南島攻略が蘭領インド及びマレー半島に進攻する南方作戦の発端になり、ひいては、それが太平洋戦争を引き起こしたという意味で当たっていた。

海南島を得た日本は、南シナ海を自分の海と思い込んだのだろうか。一九三九（昭和十四）年三月三十日付で新南群島（現・南沙諸島）を日本領と宣言し、台湾総督府令によって高雄市の管轄と決めた。早速、インドシナの宗主国であるフランスの抗議を受けたが、外務省は、これまで無主の島であり、日本人がはじめて上陸し、一九一七（大正六）年より巨費を投じて燐鉱採掘を行い、恒久的施設を設けてきた経緯があるといってつっぱねた。日本の強引なやり方は各国に脅威を与え、アメリカなどは日本進攻まで組み込んだレインボー計画の策定に着手し、日米通商航海条約破棄を通告している。

日本軍は南シナ海経営の中心を海南島三亜港に置くことを決め、飛行場の建設、港湾施設の拡充、部隊集結施設の整備、軍需物資集積施設の造営等を進めた。三亜を南シナ海における軍事的要衝と位置付けたのは日本海軍の発想だが、日本軍の海南島占領に驚いた欧米各国も、同島の南シナ海における重要性を認識し、日本軍の行動を無視できなくなった。

南シナ海を取り囲むのは、今日では中国、台湾、フィリピン、ボルネオ（カリマンタン）島、ヴェトナム、インドネシアだが、当時は中国を除くと、いずれも日本、アメリカ、イギリス、フランスの植民地ばかりであった。唯一の独立国であった中国は不安定な国民政府の下にあり、日中戦争がはじまり、数年の間に日本軍に主要湾口を封鎖され、海に出ることさえできなくなってしまった。このため太平洋戦争が終わるまで、南シナ海を取り巻くのは、事実上、植民地宗主国のみであった。この事情が日本の南シナ海進出を容易にしたと考えられる。

日本軍が、まるで南シナ海が自国の海でもあるかのように振る舞ったのは、せいぜい六、七年間のことに過ぎない。しかしこの間、インドシナを支配するフランスが対抗する動きを見せた程度で、中国は実効性のない主張を声高に叫ぶのみで、ほかに日本軍に対抗できる国家はなく、南シナ海を自国領のように取り扱っても、誰もこれを阻止できなかった。行政上、南シナ海の大部分を台湾総督府の管轄下に置いたが、当時の台湾は日本領だから、台湾の機関が管轄することによって、南シナ海と各島嶼群を固有の日本領にする意図があったのかもしれない。

政治の中心が北方にあり、経済の中心が揚子江流域にある中国では、南シナ海はどうしても辺境になり、国家の政策の重点から外れてしまう。漢民族の生活圏を常に拡張してきた中国だが、大陸国家的性格のため、海洋に向かって生活圏を拡大する政策を進めたことは一度もなかったといってよいだろう。明代の鄭和の遠征は国威の誇示で、生活圏の拡張ではなかった。清朝末期は、中国が海の向こうの欧米列強や日本と対立し、海軍建設に取り組んだはじめての時代だが、支配階級が北方出身の満洲人ということもあって、漢人官僚がどれほど粘っても最後まで目標を達成することはできなかった。北洋艦隊の建設成功は稀有な事例だが、実力者の李鴻章が西太后を介して清廷から豊富な資金を得たのが成功の原因であった。

このように大陸国家である中国の性格上、政治や軍事の重点が本土の北部に偏り、そのため、清朝初期から太平洋戦争がはじまるまでの三百年の間に中国が南シナ海に積極的に進出して国威を顕示したり、散在する島嶼群を領有するために活動したりすることはなかった。

一九〇五（明治三十八）年以後、日露戦争で勝利した日本が台湾を拠点に南シナ海に乗り出し、直接・間接に関わるようになった。これ以降の日本・フランス・中国の三国間で行われた遣り取りを省略し、南シナ海の動静のみを紹介する。

一九〇二（明治三十五）年、東沙諸島で西沢商店の長風丸が燐鉱石を発見し、一九〇七（明治四十）年、西沢吉治は資材を揚げ事業を開始したが、二年後の一九〇九（明治四十二）年、広東省水師提督李準は同島は中国領であると抗議してきた。日本政府はこれを拒否したが、西沢が中国が賠償してくれるなら引き揚げてもよいと申し出たので、一九一三（大正二）年に「プラタス島引渡ニ関スル取極」が成立し、日本は三八万円で売却している。その後、中国政府は同島開発計画を立てたといわれるが、何もしなかった。その間も続けられた日本人の漁業には常に監視の目を光らせ、何人も操業違反で逮捕されたり上納金を納めさせられたりしているが、日本政府は何もしなかった。なお、日本は、一九三八（昭和十三）年にこの島を台湾・高雄市に編入している。

西沙諸島については、一八九五（明治二十八）年にドイツ船ベロナ号が、翌年、日本船姫路丸が、同島で難破し積荷が放棄された。これを中国漁民が回収して売り捌いたので中国政府に抗議したところ、海南島官憲は中国に西沙諸島の領有権、管轄権がないとして拒否している。一九〇九（明治四十二）年、中国政府は両広総督張人駿を派遣し、公的機関である西沙群島籌辦処を設置しているが、数ヶ月後には廃止している。一九一七（大正六）年、平田末治が西沙群島で燐鉱山を発見し採掘事業を開始したが、同島が中国領であるという話を聞き、一端中止している。一九二〇（大正九）年、インドシナのフランス総督府は艦艇を西沙群島に派遣し、密輸業者の取り締まりを行った。翌一九二一（大正十）年、中国政府は同島を籌辨海軍事務処の管轄と決定しているが、南部には長江艦隊しかない時代で、実際の管轄ができたとは思えない。しかし、民間業者による開発事業が許可され、断続的に活動が続けられたが、一九二五（大正十四）年、フランス総督府が西沙群島をインドシナ領の一部であると主張、一九三二（昭和七）年には領有権を主張するに至っている。

一九三三（昭和八）年、フランスは軍艦三隻を派遣して南沙群島（スプラトリー群島）を占領し、西沙諸島に次ぐ南沙諸島に対するフランスの軍事行動が日本政府の怒りを買うことになった。日本政府はフランスの占領を認めない旨を通告し、フランスとの外交交渉を中止した。一九三五（昭和十）年、平田末治は海軍省及び台湾総督府と謀って開洋興業株式会社を興し、南沙群島イツアパ島に進出して硫黄採掘事業を開始した。一九三八（昭和十三）年十二月二十三日、日本政府は南沙群島を新南群島に変更して台湾・高雄市に編入する決定を行った。また二十七日には、西沙群島を同じく日本領に編入することを決定している。

このように東沙・西沙・南沙諸島で、中国政府は自国領として発言することは度々あったが、恒久的国家機関を設置して管轄したことはなく、民間の漁業や鉱山事業も低調であった。南シナ海に展開する海軍がなく、フランスや日本に抗議はしたが、実効性のある支配をうち立てることはできなかった。一九三〇（昭和五）年、蔣介石の中華民国政府が伝統的地図に代えて近代的地図を作成し、この中で南シナ海の東沙群島、南沙群島、中沙群島、西沙群島すべてを中国領と記載したが、これを裏づける行政組織が設置され、中国の法・制度が施行されたわけではない。一九二八（昭和三）年六月にようやく北伐を終え、新生国家の建設に向かって動きはじめたばかりの頃であった。その一環として新生中国の地図づくりが行われ、一九三〇（昭和五）年に完成した。この地図には、いわば新生中国の夢や領土拡大の目標が描かれ、現実とはかけ離れたものが多く刷り込まれていた。

一九三一（昭和六）年、関東軍が引き起こした満洲事変は、やがて日本軍が中国大陸に進攻する先駆けとなった。三三（昭和八）年には長城を越え、三四（昭和九）年に山海関を接収して南下をはじめ、三七（昭和十二）年に日中戦争の本格的はじまりとなる蘆溝橋事件に発展する。その後は国民政府軍を追い、さらには援蒋ルート遮断のために中国大陸を南下し、南シナ海に達することになる。

こうした日中対立の流れを概観した上で、近代における中国の南シナ海と各諸島群との関係がどのように中国発行の地図に表れるのか、その変遷をたどると概ね次のようになる。

一九〇九（明治四十二）年、西沢吉治が西沙諸島で燐鉱石採掘事業を開始したことに対して、前述のように、広東省水師提督李準は西沙諸島は中国領であると抗議してきた。またこの年、中国政府は両広総督張人駿を派遣し、短期間であるが公的機関である東沙群島籌辦処を設置している。ところが、この件から三年後の一九一二（民国元・大正元）年に刊行された『中華民国分省図』（校訂七版）では、海南島を広東省第七区に位置づけているが、南シナ海の島嶼は一つも入っていない。

この地図の刊行には、中華民国教育部と商工部が関与しているが、西沙・東沙諸島を中国領とする認識は、まだ、中華民国政府内に確立していなかったのかもしれない。一九二一（民国十・大正十一）年三月、西沙群島は民国海軍部の管轄となったが、何瑞年が開発計画を政府・海軍部に申請し、許可を受けると直ちに事業を開始し、一九二六（民国十六・昭和二）年まで続けられたが、なぜかその後は中断している。

一九二九（民国十八・昭和四）年、中華民国政府教育部が中等学校用に検閲し、上虞屠思聡が編纂した『中華最新形勢図』の全体図には、海南島は無論のこと、東沙諸島、西沙諸島、南沙諸島と団沙群島が見える。しかし西沙諸島、南沙諸島、団沙群島は広東省地図に収められているが、東沙諸島が入っていない。一九一三（民国二・大正三）年の「プラタス島引渡ニ関スル取極」によって中国領であると認識していたはずで、入っていない理由は、東沙諸島を買い戻すために日本の西沢吉治に支払ったとされる十万元を、誰が支払ったのかという問題と絡んでいるのではないかと推測される。

『中華最新形勢図』の巻末に収められた「中国地形概述」の「南海諸島」の項によれば、中国は四群の属島を有するとし、各群島について次のような解説がある。

東沙群島……海南島の東北にあって、福建の漁船がよく利用している。清末に日本人から買い戻し、その後、海象台及び灯台を設け、安全な航海に寄与している。なお、行政上の所属に関する記述がない。

西沙群島……海南島の東南にあって、大小十余島からなり、広東省崖県の管轄に属するとあるだけで、海軍部の管轄に関する記述がない。燐鉱石を産出する一方、周囲の海ではアワビや魚が豊富に採れるため、周囲の漁民が多数集まってくる。

南沙群島……西沙群島の東にあり、珊瑚礁の浅瀬であるため、福建の漁船がよくたむろしている。将来必ず隆起してくるので、用途の価値が高まってくるはずである。

団沙群島……西沙群島の東南にあり、フィリピン及び英領ボルネオに近い。漁民がよく利用し、中には住み着いている者もいる。一九二八（民国十七・昭和三）年、広東州政治分会が一度係官を派遣し、調査を行ったことがある。三三（民国二十二・昭和八）年、フランスは軍艦三隻を仏名スプラトリー群島に派遣し、西部の九つの小島を占領した。中国政府は返還交渉を行ったが、未だに解決できていない。

四群島を中国領として扱ったのは、この地図が最初であろう。しかし、領土としての条件を満たしているか、また、国際的に認められるか否かに関係なく、中国の意志を表したものと解すべきである。地図が刊行された一九二九（民国十八・昭和四）年といえば、前年の一九二八（昭和三）年、一時下野していた蒋介石が復職して南京国民政府の主席となった年である。蒋介石は、陸・海・空軍を指揮下に入れて第二次北伐を開始し、六月八日に北伐軍が北京政府を打倒して孫文の意思を実現、南京政府の下に全土の統一が達成された。おそらく『中華最新形勢図』は、こうした大きな政治情勢を反映したものであり、できるだけ中国を大きく見せようとする革命成就直後の国内の空気を背景に、中国人が上陸したことのある南シナ海の諸群島をすべて中国領にするという意図の下に、地図の作製が行われたのではないかと考えられる。

一九三一（民国二十・昭和六）年に白眉初が著した『中華民国建設全図』では、広東省に所属する島嶼は海南島と西沙諸島のみとなっている。つまり、実勢を映し出したのが本地図で、中国人が自国の領土であると確信しているのが海南島と西沙諸島の二つであったと推測される。

ところが右の編者であった白眉初が一九三七（民国二十六・昭和十二）年に編修した『中等学校適用

海疆南展後之中国全図

第二圖

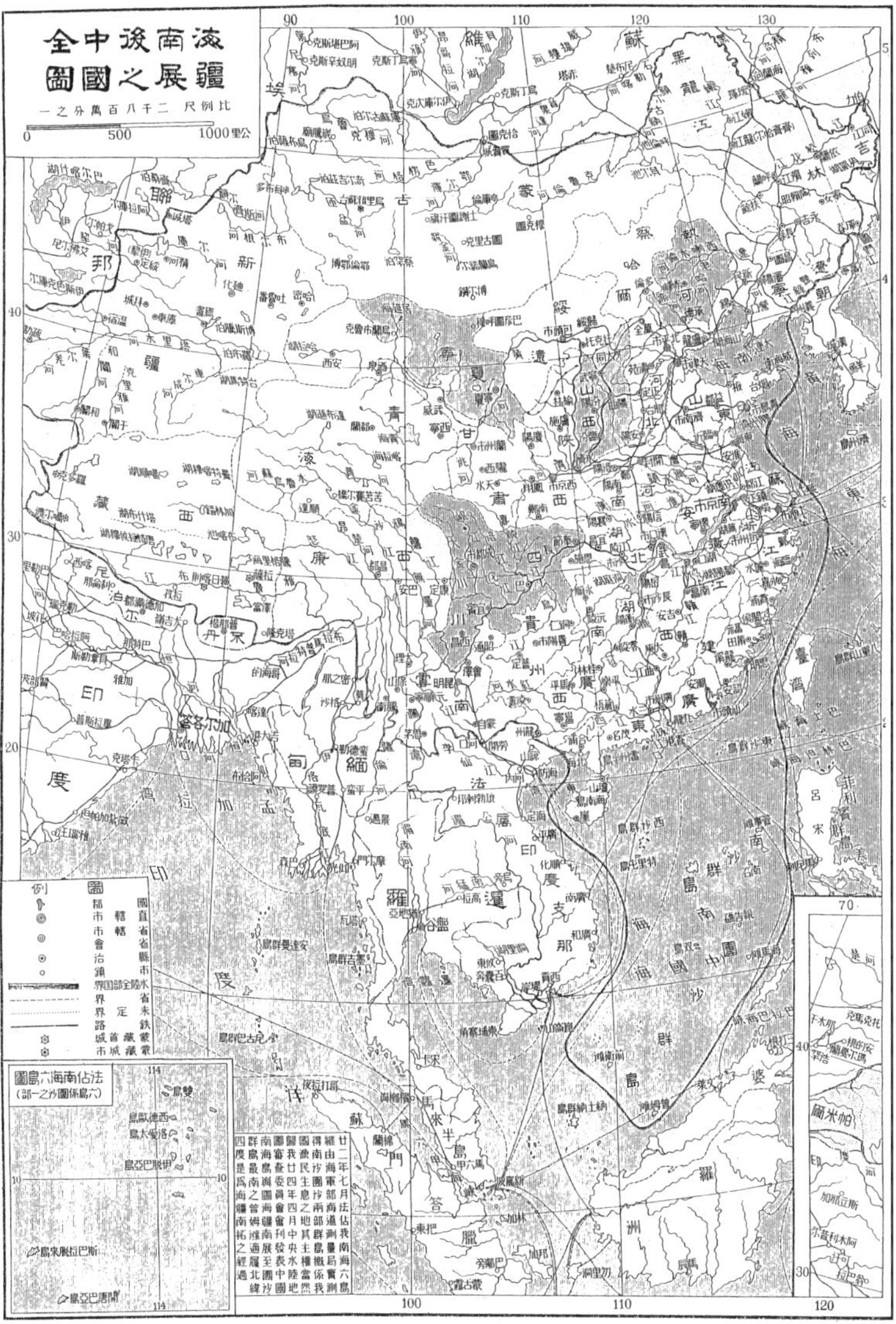

中華民国建設新図』に収められた「海疆南展後之中国全図」（前頁参照）なると、劇的変化を遂げている。

地図作製を監修・編纂した白眉初の人的関係を明らかにすることは困難だが、蔣介石が地図作製を統轄する教育部部長を兼務していた時期に白眉初も同部に在籍していたと見られることから、白眉初は蔣介石の意をもって地図づくりに当たっていたらしい。

この各種地図を収めた地図集は、中国がこの百年間に多くの国土を喪失したこと、そして、次世代の若者が取り戻すべき国土、発展すべき具体的地域を教える内容になっている。「近百年来失地図」では、中国本来の版図は、東は樺太・沿海州・朝鮮、北はバイカル湖、西はアフガニスタン・タジク・キルギス、南はビルマ・マレーシア・タイ・ヴェトナムとしている。これは中華帝国の属国までを中国の国土と見なす構成で、呆気にとられずにはいられない。この地図集は、国威発揚を狙い、若者に希望と目標を与える夢物語といった性質に近い。

前掲の「海疆南展後之中国全図」では、中国北部の渤海湾から海岸部に沿って引かれた太線が、南シナ海を一周して再び海南島西に戻ってくるが、この線は「水陸全部国界」つまり国境線の意味で、南シナ海は中国の海であることになる。しかし、この国境線は中国人の夢であって、実際にそうであるというわけでない。だが、一度世に出てしまうと、編者の意思とは関係なく独り歩きをはじめるのが世の常である。

一九三〇（昭和五）年、国際連盟の国際法典編纂会議において領海の幅を決めようとしたが決まらず、多くの国が、十九世紀から慣習に近かった三海里説を維持した。第二次世界大戦後、アメリカやカナダは六海里説を主張したが、国連海洋会議の議論の結果、十二海里でほぼまとまった経緯がある。一九三七（昭和十二・民国二十六）年の「海疆南展後之中国全図」の領海基線は、戦前の三海里説を完全に無視し、地図が正確であれば、広い所は百～数百海里にも及ぶ箇所もある。夢物語なのだから、世界の合議に反してもお構いなしだが、そのうちにこれを正確な地図だと思い込む者が現れ、強烈な主張を展開して周囲を困らせる事態が生じることになる。

前年の一九三六（昭和十一）年十二月十二日に、蒋介石が張学良に監禁された西安事件が起き、蒋介石はしぶしぶ第二次国共合作を呑まされて釈放された。蒋介石の権威は丸つぶれ、彼が何を言っても相手にされない空気であった。国共合作に気のない蒋介石は、首都を武漢に移し、さらにより奥地の重慶へと移し、海岸一帯を日本海軍に明け渡し、沿海に中国の公船を出すことさえできなくなった時期である。

こうした政情の中で出たのが、「近百年来失地図」及び「海疆南展後之中国全図」であり、蒋介石は悔しさを晴らす勢いで、未来を担う青少年にこの夢物語を託したのではないだろうか。

「海疆南展後之中国全図」が実際とかけ離れた内容を持つのは当然である。地図は科学的測量法によるデータに基づいて製作されなければならないが、紙に印刷される段階で挿入される境界線は、国際間・国家間の取り決めや国内の葛藤に直接関係するか、それを間接的に反映する人為的なものである。この地図は、中国が本来、大国家であることを国民に思い起こさせ、奮い立たせようと意図して作製されたものであろう。したがって、国際的ルールや慣習と無関係に描いた夢を根拠にして、第三者に示して、〝中国の領海である〟、〝島嶼群は中国領である〟と主張するのは、空想と現実をはき違えた議論で

南海諸島位置図（十一断線地図）1947年

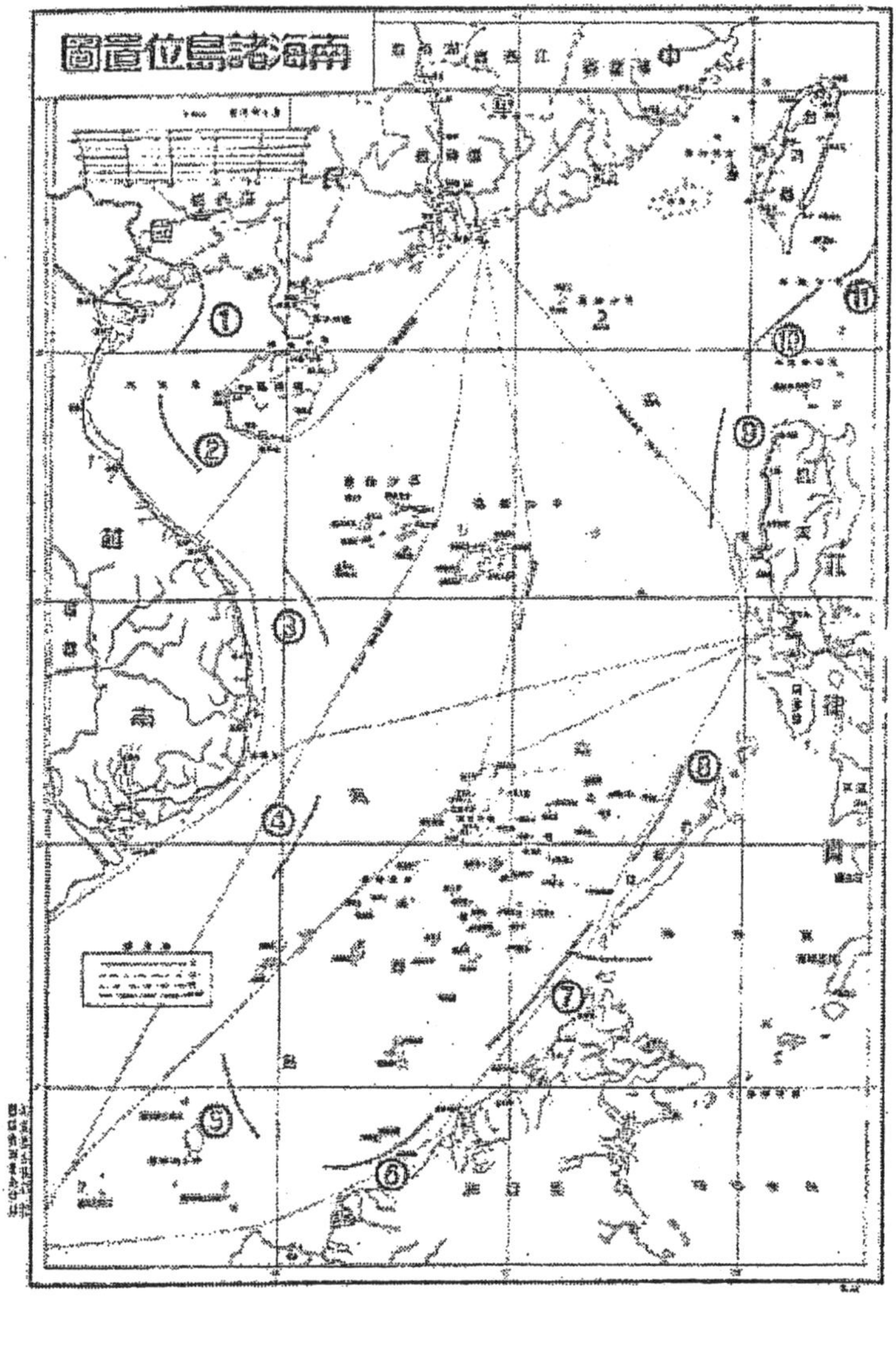

ある。しかし、この地図が、国民政府下の中国人の脳裏に深く刻み込まれたことだけは確かである。

一九三七（昭和十二）年十二月十二日、日本軍のために南京が陥落し、中国海軍の全艦船が失われ、翌三八年一月、やむなく海軍部が廃止された。日本海軍は海南島と台湾高雄に警備府を置き、南シナ海を管轄したが、両警備府の担当区域を定めた緯度・経度で表す業務用地図が見当たらない。東沙諸島をはじめとする各諸島は台湾の高雄市に編入され、周辺の警備は高雄警備府が担当したと見られる。

日本の敗戦後、一九四七（民国三十六・昭和二十二）年に中華民国内政局地域局が「南海諸島位置図」「南海新旧名称対照表」を作製し、これが今日、中国が主張する領土・領海の原点になっている。四つの群島及び周辺海域の周りに間隔をつくって十一断線を入れ、断線と断線を結んだ一本線の内側が中国領であると思わせる地図になっている。「海疆南展後之中国全図」と「南海諸島位置図」との大きな違いは、前者が台湾を除いているのに対して、後者が台湾を線内に入れてあることで、それ以外は、一本の実線と断線の違いだけである。前者は国民政府教育部が審査し、後者は国民政府内政部地域局が編纂し、どちらの線も国民政府内で承認されているのは間違いない。断線に関する説明はなく、たとえば、断線部分だけが領海で、断線のない海域は公海であるという反論も可能である。

「海疆南展後之中国全図」の十年後に作製された「南海諸島位置図」は、日本の敗戦後の刊行で、改めて国民の士気を高める必要はなかったものの、南シナ海を中国の海にしたい夢は捨てたくなかったのであろう。だがさすがに一本の実線を引くことは、国際ルールから大きくかけ離れ、アメリカをはじめとして世界中が認めないだけでなく、世界的な物笑いのタネになるとでも思ったのかもしれない。折角の線を残す方法をあれこれ考えた挙げ句に、意味不明の断線を入れて中国国民の夢を後世に託したのではないか。このような断線が、国際的に通用しないことぐらい中国人もよく承知していたはずで、断線を結んだ線の中を中国の領海であると主張するつもりはなかったと想像される。

日本軍が戦時中に行った事実上の南シナ海の領海化は、戦争が終われば白紙に戻される性格のものであった。ところが中国（台湾政府から北京政府）が、戦時の体制のまま南シナ海を引き継ぐのは、侵略戦争として厳しく非難してきた日本の戦争行為を肯定するようなものである。これまで「海疆南展後之中国全図」の存在を公表してこなかったのも、うしろめたさを感じていたからかもしれない。

「海疆南展後之中国全図」は科学的客観性を有する地図ではなく、中国国内用に作られた国民の意識を啓発する宣伝色の強いもので、国際的認知を受けるのは不可能である。一九八八（昭和六十三）年、北京の中国地図出版社が『海南省地図』を刊行したが、ヴェトナムとの国境に近い二つの断線を抹消して九断線とし、断線のデザインを変えている以外、その他はまったく同じである。中国地図出版社は中国政府が公認した地図を使っているはずである。

この中国政府の公式地図と考えられる『海南省地図』でも、断線の説明がない。断線が単なる断線で、南シナ海を取り囲む意思を示すものでなければまったく問題がない。しかし、「海疆南展後之中国全図」が見つかった今日、断線は一本の実線を十一個または九個の断線として残したものであることが明らかであり、識者が懸念していた通り、南シナ海の大部分を領海化する極めて危険な目的を有するものである。「海疆南展後之中国全図」の実線は蒋介石時代の夢を描いたもので、本気であったとは思えない。それに対して、現在の中国公認の「海南省地図」の断線は、「海疆南展後之中国全図」の夢を現実化しようというもので、国家目標を表しているのは間違いない。

話を元に戻そう。先に述べたように現時点では、中国の南シナ海進出とニューギニア・ソロモン方面進出とがどのような関係にあるのか、二つの政策を進める機関が一つなのか二つなのかもよくわかっていない。しかし、中国らしく大きな戦略を立て、日本軍が残した事例を参考にして立案した政策に基づいて動きはじめていることは確かである。常識的にはあり得ない強引な政策は、東南アジア諸国や南シナ海を利用している日本をはじめとする各国にも強い影響を与えはじめている。それゆえ中国の本当の目的は何か、どのような戦略で目的に近づこうとしているのか、関係諸国とどのような関係を立てようとしているのか等々、少しでも明らかにする必要に迫られている。

かつての日本軍の先例に学び、方法論についても模範にしているという前提に立つと、まず、日本軍の先例を復習しなければなるまい。そこで改めて一九四一（昭和十六）年の海南島を拠点とする南シナ海の領海化と、仏領インドシナからマレー半島進攻の経緯を述べ、次いで一九四二（昭和十七）年春からのニューブリテン島ラバウルを拠点とするニューギニア及びソロモン諸島方面への進攻と、一九四四（昭和十九）年までのニューギニア戦の経緯について述べることにしたい。

第二章　日本軍がはじめた南シナ海の領海化

一　中国の政情に無関係でなかった日本海軍

中国より遅れて開国した日本は、琉球王朝に中国との朝貢関係を停止させ、廃藩置県を実施して日本領化を進めるとともに、琉球が日本領であることを中国に納得させる目的で、三年前の琉球人殺害を口実に一八七四（明治七）年に台湾出兵を行った。この時、中国には日本の出兵を阻止するために出動できる軍艦が一隻もなく、属国視してきた日本にひどく面子を傷つけられた。前述のとおり、このことで清王朝は、はじめて海軍の存在意義に気づき、海軍建設を決意した。

自力での艦隊建設を目指し、洋式軍艦の建造のために英仏等西欧文明の導入につとめた活動を洋務運動と呼んでいる。西欧式軍艦を建造するため、ヨーロッパから関係書籍を取り寄せ、これを翻訳するところからはじめたのが洋務運動の呼称が使われる所以になった。各艦隊に附属する造船所が洋務運動の拠点になり、造船所に翻訳所が置かれ、日夜、語学研修と翻訳作業が盛んに行われた。

洋務運動に最も熱心に取り組んだのは福建艦隊で、英仏語等の洋書の翻訳に熱心に取り組み、翻訳資料を参照して軍艦建造に当たり、その努力は英仏にも高く評価された。これに対して北洋艦隊は、中央政府から潤沢な資金が回されたこともあって、自力建設路線をさっさと止め、主にドイツから多数の軍艦を購入した。北洋艦隊を洋務運動の代表的事例のように記述するものが多いが、洋務運動を放棄したのが北洋艦隊であったのが実態である。

一八八四（明治十七）年、ヴェトナムの宗主権をめぐって中国とフランスとの間に清仏戦争が勃発した。クールベ提督の率いるフランス艦隊は、広東艦隊を広州湾に閉じ込めてから、一路北上して福建省の馬江に進入し、馬尾造船所近くに停泊中の福建艦隊に襲いかかり、短時間のうちに同艦隊を全滅させた。その後、台湾の基隆で態勢を整え、南洋艦隊と小規模の海戦を交えたのち、東シナ海を北上して渤海湾に進み、清王朝に圧力をかけるために天津に迫った。

この情勢を受け、関西地方の商人は、東シナ海の通航が危険となり、日清貿易が遮断されることを恐れた。そのため在庫品の価格が急騰する一方、閉店して様子を見る商店が増えるなど、瀬戸内海周辺の経済は一時的な恐慌を来した。清仏戦争は、明治維新後に日本の周辺で起こった最初の本格的戦いであり、一時下火になっていた海防への関心に再び火がつき、重要な湾口や海峡に要塞を建設する計画がつぎつぎに策定され実行された。

清仏戦争における広東艦隊は、主要な任務が海賊の取り締まりにあるために小型舟艇が多かったことから、仏海軍からは大きな脅威とは見なされなかった。クールべは広東艦隊との戦闘を避け、その舟艇を広州湾に閉じ込めておくことにした。そのため舟艇の大部分が助かったが、たまたま馬尾造船所にあった二隻が福建艦隊と運命を共にした。また、上海の南洋艦隊は福建艦隊を救うために出動し、途中で仏艦隊と砲戦を交えて損傷艦を出し、続く鎮海海戦で損害を受けるなどして勢力を落とした。

これに対して北洋艦隊は旅順から一歩も出ず、結果的に自己勢力の温存につながった。清仏戦争後、相対的に中国最大の海軍勢力となったことから、北洋艦隊は中国海軍と同義語的存在になり、指導者である李鴻章の発言力を高めた。一八八六（明治十九）年、長崎に七千トンを超す「定遠」「鎮遠」を擁して来航し、中国人水兵がこれ見よがしに横暴に振る舞い、日本人との間に長崎事件を起こし、二艦の存在は日本海軍にとって大きな脅威になった。

定期的整備を欠かせない船舶にとって、ドック（船渠）は不可欠な施設で、軍艦であってもドックでの整備がないと、持てる能力の半分も発揮できないとまでいわれた。ところが中国には、「定遠」「鎮遠」のような大型艦の修理ができるドックがなく、当時、極東海域では長崎一ヶ所のみで、大型艦はどうしても長崎に来る必要があった。これがわかっていれば北洋艦隊の脅威を騒ぐまでもなかったが、日本政府も声高に脅威を訴えて危機感を煽った経緯がある。

清国四個艦隊が設けられた際に担当海域も概ね定められ、南シナ海はどの艦隊の担当でもなかった。地理的関係からいえば、広州湾に根拠を置く広東艦隊の担当と考えやすいが、海賊や麻薬の取締りを主な任務とする百トンに満たない河川用の小型舟艇では、南シナ海での活動は無理であった。このことからも南シナ海は中国にとって縁のない海であり、国権が及ばない外国と考えられたとしても不思議ではない。ヴェトナムやマレー半島の宗主国であったフランス及びイギリスに対抗する積極性もなく、南シナ海を中国の勢力圏内に置くという意識もなく、そのため南シナ海をめぐる外交上の案件が生じることもなかった。

辛亥革命後の中国は内憂外患続きで、欧米列強だけでなく日本も加わった植民地化の危機に対処しながら、近代国家を樹立していくことが最大の課題であった時期である。中国を犯す列強があっても、逆に中国の圧力に窮する周辺国はなく、まして、海を隔てた国家や社会の中に、中国の脅威に怯えるところはどこにもなかった。中国も世界各地に発生した民族主義運動と連携し、国内に高まる反植民地主義と民族主義の力を借りて、植民地主義勢力を排斥する一方、国民党による近代的共和政体の樹立につとめた。

国民党が率いる中華民国が対決した最後の植民地主義国は日本である。欧米列強と違って至近距離に位置する日本は、海軍だけでなく陸軍の大軍を派遣することができるため、最も手強い相手になる可能性があった。一九〇〇（明治三十三）年の義和団事件以来、日本は天津に駐屯軍を置き、北京の政情に強い関心を抱き、何かと中国政治に関与するようになった。その一方で、のちに革命運動に携わる多くの若者が日本に留学し、中国革命勢力の溜り場にもなった。近代中国と日本との関わりは、あらゆる分野に広まった。

第一次世界大戦の勃発は、欧米勢力の中国における活動を困難にするとともに、欧米からの輸入が大幅に減り、逆に輸出が急増した。日本はこの機会に中国市場の独占化につとめ、また、アメリカからの輸入に頼ってきた鉄鋼等の原材料を求めて中国各地に進出した。輸出の増加によって潤いはじめていた中国社会は急速に変貌し、反日・反帝国主義の民衆運動である五・四運動が非常な高まりを見せ、第一次世界大戦以前の頃とは、状況が大きく変わってきたことを日本は認識しなければならなかった。

第一次世界大戦と第二次世界大戦の間を戦間期とも呼ぶが、この戦間期は、帝国主義列強と化した日本が中国を植民地化するべく軍事的・経済的進出をはかり、他方、中国は革命・反革命を繰り返す政治的混乱という二重苦に苛まれたときであった。しかし、第一次世界大戦を契機とする経済発展はその後も続き、それ以前の中国とは大きく変わりつつあったが、広大な国土の中で徐々に進む発展の変化を正確に捉えるのは難しく、深い関わりを持つ日本も読み誤ったことは否定できない。

本国と遠く離れた欧米列強とは違い、日本の陸軍部隊の行動が中国を悩ませた。陸軍軍人のうぬぼれが、中国情勢を読み誤る原因の一つになったといわれる。明治以来、大陸国家を目指して日本を牽引した陸軍は、昭和になると、満洲から中国大陸へと南下をはじめた。陸軍の行動方針や政策は、中央の陸軍省や参謀本部が立案して決定し、これに基づいて全国及び海外駐屯の陸軍部隊を律するのが正常な体制である。ところが、日本の組織風土には、中堅幹部や現場幹部が計画を策定し、上司は黙ってこれを受入れ、実行に移すのが組織や部隊が円滑に機能する要諦とされる空気があった。つまり、ボトムアップ構造である。

たまたまやり手の中堅幹部がやってくると、上司を祭り上げ、この間に作戦計画を実行して既成事実をつくり、これを中央に承認させる事案がよく起こった。また、真っ先に手をあげ、既成事実をつくった者に中央や陸軍全体が引きずられる傾向もあり、組織内で他に先んじようとチャンスをうかがう早い者勝ちという体質があった。部隊の栄誉のための競争もあれば、指揮官である己の栄達のための場合もあり、それに注がれるエネルギーは想像以上に大きかった。とくに、昭和の陸軍においては現地部隊が独断専行し、これに中央が引きずられて承認を与え、陸軍の正式な行動となる事例が相次いだ。大陸にこうした性格を持った陸軍部隊が多くなってくると、いつ計画にない軍事行動が起きてもおかしくない情勢になる。現地軍の強引な行動によってはじめられた作戦は、大局を無視し、現地だけの目線に立って立案されることが多いため、最後には失敗に終わることが多い。

日本陸軍と競合関係にあったのが日本海軍である。陸軍と海軍は、天皇の統帥権をそれぞれ独立して補弼する関係にあったため、相手に口を出せば統帥権干犯として強く非難された。理論上は相反する政策を並行して進めることが可能であり、それぞれが考えた想定敵国が異なった上に、北進南進論などというあり得ない対外論が登場してくるのも、そのためである。陸海軍が最も恐れたのは年度予算を思い通り獲得できないことで、そのために実績の強調につとめた。

日本政府の関心が対中政策に傾いてくると、海軍も陸軍に負けじと中国における活動を活発化させ、存在感の維持につとめた。典型的事例が陸軍の満洲事変に対する海軍の上海事変だが、このように対中政策を競争した場合もあれば、協力して恩を売る場合もあった。中国は日本の陸軍だけでなく、海軍の行動にも圧迫されることになる。

日露戦争直後に編成された南清艦隊が、中国に配置された日本海軍最初の艦隊であった。すでに揚子江流域への日本人の進出が活発で、その保護が配置の目的とされたが、欧米勢力に対抗する狙いがあったことはいうまでもない。一九〇八（明治四十一）年に第三艦隊に改称され、同艦隊は第一次世界大戦勃発後、欧米勢力が著しく弱体化した穴を補填する役割を果たし、一七（大正六）年に第七戦隊を追加して強化された。

一九一八（大正七）年八月、第七戦隊は遣支艦隊として第三艦隊から独立し、一九（大正八）年に第一遣外艦隊となり、さらに、二七（昭和二）年に第二遣外艦隊が追加編成されている。第一遣外艦隊は上海を根拠地にして華中沿岸や揚子江の警備に当たり、第二遣外艦隊は華北・華南沿岸の警備に当たっている。この時期まで、どちらかというと、日本海軍も広東方面や南シナ海に対する関心は薄く、揚子江流域が最も重視された。

一九三二（昭和七）年、第一次上海事変が勃発すると、第三艦隊の強化を目的とする改編が行われ、第一遣外艦隊、第三戦隊、第一水雷戦隊、第一航空戦隊、上海特別陸戦隊が第三艦隊の隷下に置かれ、第二遣外艦隊は解隊になった。なお、第一遣外艦隊も間もなく解隊になっている。

一九三七（昭和十二）年七月、蘆溝橋事件に端を発する支那事変が起きると、海軍の大増強が行われるが、とくに第三艦隊の増強が著しかった。沿岸警備を主たる任務とする第三艦隊のほかに、外洋作戦が可能な第四艦隊が新設された。第三艦隊に第四艦隊を合わせると連合艦隊並の規模になるため、両艦隊を指揮統轄する支那方面艦隊が設置され、第三艦隊の司令長官、参謀長が兼務した。

一九三八（昭和十三）年二月、支那方面艦隊の隷下に新たに第五艦隊が設置され、それぞれの艦隊の担当範囲が明示された。それによれば、次の通りであった。

第三艦隊　上海を拠点、長江流域を担当
第四艦隊　青島を拠点、華北〜渤海湾沿岸を担当
第五艦隊　広州を拠点、厦門〜広州・香港沿岸を担当

第五艦隊が設置された目的は、それまで放置されてきた広東方面の警備に力を入れるためであった。この頃、米英は海軍の警備が手薄な援蔣ルートとして広東方面に目をつけ、南京の蔣介石軍に武器等を送りはじめたことから、これに対する措置として第五艦隊が編成された。

第五艦隊が警備を開始し、援蔣ルートを遮断に追い込むと、米英はさらにルートを南に下げざるをえなくなった。しかし、中国領内にルートを見つけることが不可能で、仏領インドシナ経由のルートを使

うほかなくなった。一九三九（昭和十四）年二月、中国領の南限に位置し、南シナ海に対する中国側の起点に当たる海南島に対して、第五艦隊の指揮により海軍陸戦隊と陸軍部隊が上陸作戦を行うとともに、前年に上陸した新南群島（南沙諸島）の領有を宣言した。まだこの時期には、南シナ海をどう使う

第三・四・五艦隊の概略担当範囲

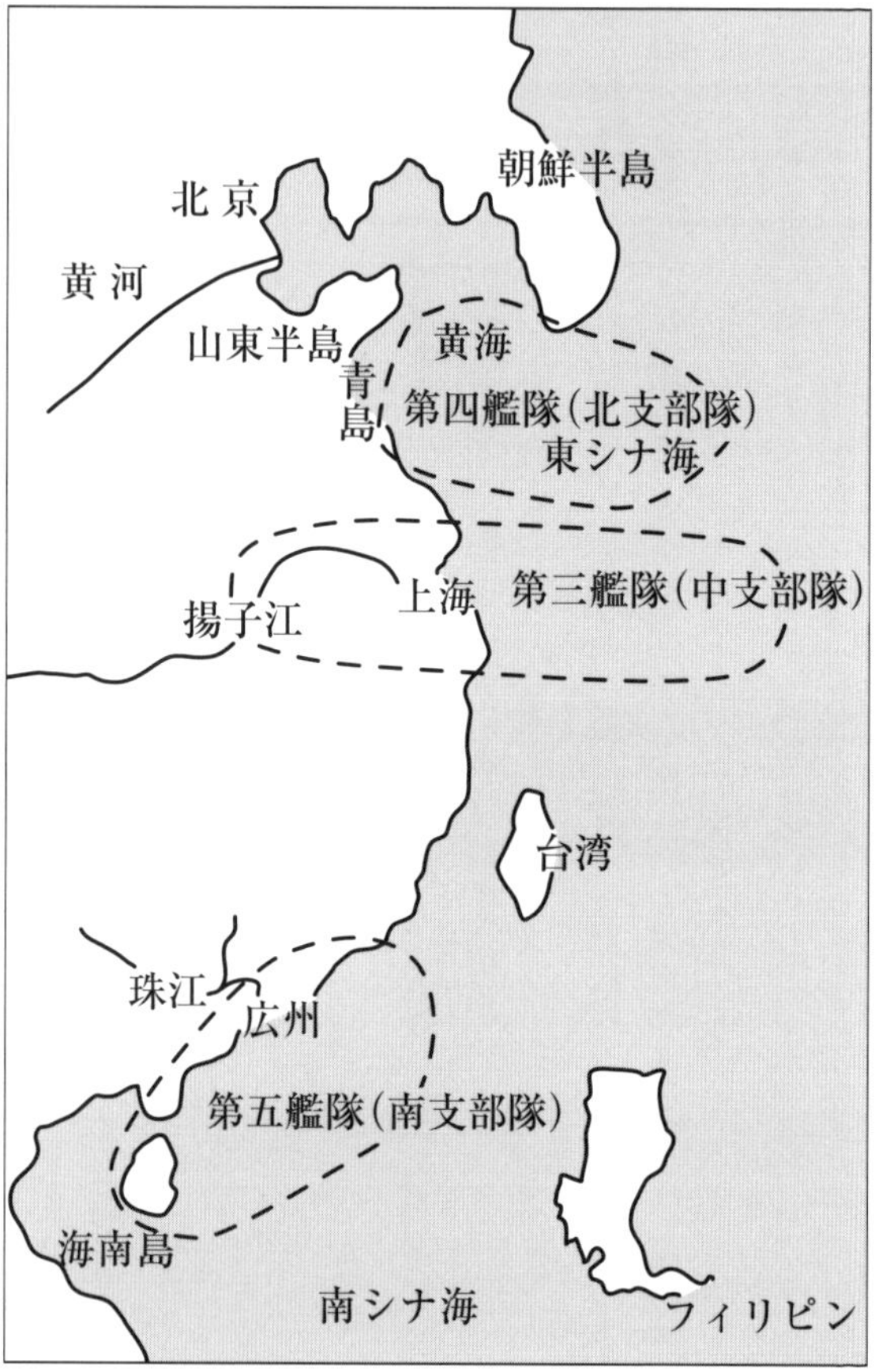

か、方針は定まっていなかったとみられる。

このように中国沿岸に派遣された日本海軍は、陸軍の動向に敏感に反応しながら編制、担当範囲を変え、中国の政情に関わる存在であることを示してきた。他方で、日本海軍の活動は、長い間、大陸国家という枠組みの中で暮らしてきた中国社会にとって、一大転機を画するものであった。というのは、当時の中国は、近代における欧米列強の進出に対抗するだけでなく、沿海方面へと人口の重心が移動して、社会の構造的変化を遂げつつある段階にあった。この中国が発展していくためには、海軍の力によって、海洋活動を盛んにしなければならないことを日本から学んだのである。

中国社会の重点が沿海部に近づき、海洋国家に変わる萌芽を見せはじめていた一八八〇年代、山縣有朋らの陸軍指導者は、日本の未来は大陸にあるとして、陸軍を強化し大陸進出を図った。しかも、対外発展を陸軍だけでやれると考え、海軍との協力・連携を重視しなかったが、日清戦争の際に、海軍の山本権兵衛主事に、「朝鮮半島まで橋をかけて海を渡ったらどうか」と言われ、はじめて海軍の重要性に気づいたという有名な故事がある。大半の陸軍軍人は、日本の発展は大陸にあり、海軍なしでやっていけると思っていたようだ。

すでに、中国の経済活動は揚子江流域だけでなく沿海地方に中心を移し、沿海地方が政治の動向に大きな影響力を持つようになっていた。中国社会は海洋に向かって発展する準備を終えつつあったのである。中国で戦うのは陸軍だという日本陸軍の考え方そのものが時代錯誤であり、海軍に陸軍への対抗意識が強かったとはいえ、日本海軍が中国沿海の秩序維持に当たり、中国海軍発展の下地を築く役割を果たしたことは否定できない。

二　日米の経済関係と陸軍

二十世紀の著しい科学技術の発達により、世界中どこにいても通信できるようになった。だが当時は、首都の陸海軍中央機関から遠隔の現地部隊に発せられる通信文は、通信機器の容量の制約もあって、わずか二、三行の短文になることが多かった。これを受け取った現地指揮官は、行間の意味まで含めて読み取らねばならないが、これではどうしても置かれている状況に引きずられた自己本位の解釈が生まれやすい。その結果、国際関係の機微や国内の動員体制の欠陥などとは無関係に、周囲の情勢を勘案した場違いの判断を下したり、不必要な強気の行動を起こすことや、逆に慎重な姿勢を取ったために絶好のタイミングを逃してしまったりということがあった。

中国大陸に派遣された陸軍は、積極的かつ強気の姿勢が称揚される当時の空気を反映し、外地では一層強硬な言動になり、暴走し勝ちな状態になることが少なくなかった。その積み重ねによって米英との間に思いもよらぬ鋭い対立を生ずることになった。中国軍との軍事衝突が繰り返され、やがて米英との対立、さらには太平洋をめぐるアメリカとの戦争へと発展していくプロセスは、日本人自身にも理解しにくい難題だが、当事者であった陸軍でさえこれに明快な説明はできなかったであろう。

理解困難なプロセスを歩んだ最大の理由は、中央の政策にも現地部隊の行動にも戦略的プランがなく、行動の目的も方針もその都度決められることが多かったことにある。中央の指導には、一本の筋の通った理念があると思いがちだが、実のところ支離滅裂で何もなかったことが少なくない。宮様の参謀総長は別として、参謀本部のスタッフは一年半、二年の短い間隔で次々と異動するため、じっくり腰を据えて政策を練り上げる時間がなかった。海軍も同じ制度下にあり、日々持ち込まれる諸問題に追われて、将来を見据え、内外の諸情勢を俯瞰した上で国家目標を立て、それに向かって進む長期的戦略を構想することができなかったのが日本軍の欠点であった。

軍の本質は「最も科学的・合理的な殺人・破壊集団」だが、兵器の開発製造に最先端の科学技術、高い品質と大量生産を求め、また、軍人には最新兵器の基本構造と扱い方を習熟させる必要性から、軍は国内有数の高いレベルを有する技術集団になった。昭和の軍が産業界に数多の技術的要求を出すようになったのは、技術力が戦力に大きく関係するようになったからである。

それにしては、日本の産業の実情や技術水準について、陸海軍が外国との比較を通して正しく認識していたとはいいがたい。もし陸海軍が、産業界がアメリカから新技術や特許を購入し、高い性能の機械類を輸入し、製品化するノウハウの指導まで受けていた実情を知っていれば、日本の実力を客観視して適正な評価ができたかもしれない。中でも、アメリカとは特別な関係にあり、同国と対立するような事態は何としても避けなければならなかった。

中国戦線からはじまり、アメリカとの太平洋をめぐる戦いに発展するプロセスには、工業社会の時代らしい要素が大きく関わっていた。中国問題をめぐる日米の対立の中で、日本になくてアメリカにある手段、すなわち資源や工業製品の対日輸出に関する規制強化によって、日本に行動の抑制や政策の変更を迫る手段すなわち経済制裁があった。経済や科学技術に弱体な日本は、アメリカに遅れている部分を補ってもらうことで、どうにか近代化に成功し、先進国に大きく水をあけられずにすんできた。このため、アメリカと対立すれば、日本の経済面の弱点について日本人以上に正しくつかんでいたアメリカは、日本の弱点を締め上げて、政策・方針の変更を迫る手段を残していたのである。

太平洋戦争直前のアメリカは、屑鉄等鋼鉄類、工作機械類、石油製品類等の輸出を制限すれば、日本が折れてくるのではないかと期待したが、その思惑は完全にはずれた。的はずれであったわけではなく、日本内部に原因があった。陸海軍の中堅幹部の強硬姿勢は容易に変わらず、その上、首脳陣には彼らを説得する気概もリーダーシップもなかった。

アメリカとの対決を深めた日本は、科された経済制裁を克服する方法を模索し、蘭領インド（現インドネシア）やマレー半島で産出される戦争資源に目をつけた。不足する資源だけを確保すれば、あとはドイツが何とかしてくれるとでも思ったらしい。

アメリカからの輸出制限を受けはじめるまで、日本は自分の経済力の弱さだけでなく、日本経済がどれほどアメリカに依存しているかを十分に理解していなかった。近代経済では、産業技術が日増しに重要性を高めていたが、この分野での日本のアメリカ依存がことのほか高かった。にも関わらず日本は、資源さえ獲得できる目途が立てば、アメリカとやり合っても影響はないと安直に考えた。蘭領インドやマレー半島を獲得し、アメリカに代わる石油やボーキサイトの資源供給地とし、中国大陸をも加えて経済ブロック化し、これを大東亜共栄圏と呼ぶ構想を立て、自給自足体制を築こうとした。

イギリス、フランス、そしてアメリカが推し進めていたブロック経済化政策に日本も追随しただけだという意見もあるが、日本のブロック化は二つの点で問題があった。一つは、資源確保という目的はわからぬでもないが、技術・生産性・社会インフラといった面で大きく遅れをとっていた状況下では、資源を得ても社会が求める工業製品を生み出せない恐れが大きかった。二つ目は、大東亜共栄圏構想を掲げてアメリカとの対立が激化すると、高度技術の導入も遮断され、立ち遅れていた自前の技術で将来を見据えた開発・製造に当たらねばならなくなることであった。

一九一七（大正六）年六月にアメリカは第一次世界大戦参戦を決定した。これにともないアメリカ国内で生産される全鉄鋼を造船と兵器製造に回す方針を決定し、鉄鋼の輸出を全面的に停止した。このため造船用の鋼材の大部分をアメリカからの輸入に頼っていた日本の造船界は恐慌を来たし、操業停止に追い込まれる造船所が何ヶ所もあった。困難な交渉の結果、アメリカから輸入する鋼材で輸送船を造り、これをアメリカに輸出する「日米船鉄交換条規」で造船界は何とか急場を凌いだが、国内用船舶の建造は大幅に落ち込んだ。軍艦用の鋼材を含めて近代工業に欠かせない鋼材の多くをアメリカから輸入する実態は、昭和になってもあまり変わらなかった。

また、第一次世界大戦における飛行機の活躍により、その高い能力、将来性の大きさが認められ、進取の気性に誇るべきものがあった陸海軍は、直ちに導入に向けて動き出した。初期にはイギリス及びフランスといった西欧各国に人を派遣し、また、飛行機を専門とする軍人を招聘して操縦や整備・修理、教育、部隊運用等の指導を受けたが、飛行機を開発、製造する段階になるとアメリカに依存する割合が大幅に増えることになった。軍も企業もアメリカのメーカーに特許使用の許可、機体やエンジンのライセンス生産、技術者の招聘を要請し、日米の航空機メーカー間に緊密な関係が形成されていった。

飛行機の製造技術や航空機用燃料・潤滑油等をアメリカに依存する度合いは、ほとんど全面的であった。軍艦の場合、国営の海軍工廠と民間の造船所の二本立てで建造されたのに対して、飛行機は民間の工場で製作する方針が採用された。これを受けて、大正から昭和十年代初頭までの民間企業は、外国から技術者を招き、特許や設計図を買い取り、工場に並べる最新の精密工作機械を外国からの輸入に依存した。日本が依頼した国には英仏もあったが、アメリカが圧倒的に多く、自前で製作できるようになったのは、太平洋戦争開戦のわずか数年前のことであった。しかし、航空機エンジンを製造する精密工作機械のほとんどはアメリカ製であったし、航空隊で使われる航空用特殊潤滑油や高オクタン価燃料も国産化の目途が立たず、アメリカからの輸入に頼る状況であった。

新しい産業の技術開発において、アメリカへの依存を強めていた日本が、いきなり大東亜共栄圏を建設し、すぐさま独立独歩の道を歩めるほど物事は簡単ではない。アメリカの協力や輸出を絶たれた場合の窮状は想像するまでもなかったが、当時の指導者は意外なほど平気であった。アメリカからの工業資源、工業製品、高度工業技術等の輸入はいわば日本の生命線であって、後進地域の多い大東亜共栄圏がこれに取って代わることができたとは思えない。近代産業は技術、生産、流通等などが複雑に絡み合っており、食糧や工業用の資源・原料を獲得すれば自給自足できるというほど単純ではなかった。

もう一つは、大東亜共栄圏構想と時代の流れとの大きな乖離であった。昭和になって日本の大陸政策が行き詰まった原因は、世界的な民族主義の潮流にあった。十九世紀が欧米列強の帝国主義、植民地主義の時代であったとすれば、二十世紀は植民地側の反撃である民族主義の時代であった。英仏両国の民族主義に対する動きを見ると、植民地側の戦争協力と戦後の独立を交換条件にして利用できるものは積極的に利用した。これに対して日本にはこのような器用さはなく、民族主義の弾圧に徹し、植民地側の力を生産拡大や戦力向上に利用する動きは極めて限定的であった。

大東亜共栄圏構想は、国内で議論をし尽くし、国民が共有するビジョンになっていたのならばまだしも、各人、各機関の思いつきの総称のようなものであった。たとえば、海軍省で考えられていた構想は、八紘一宇のような理想郷とはまるで違い、東はアラスカ・ハワイから西は中央アジア・パキスタンまでの広大な地域を日本の直轄地、共和国、王国、土侯国等に分類し、日本を盟主とする時代錯誤の巨大帝国を夢想していた。発達が遅れた地域には数百の土侯国の建設が予定され、そのすべてに思いつく限りの名称がつけられている。

さすがに海軍武官になるほどの秀才の能力は並はずれ、凡人には遠く及ばない名称を考え出している。だが、秀才が作成したとはいえ、この構想は、アジア諸国を中世の王国や土侯国が支配する時代に引き戻そうとする陳腐な時代感覚に彩られており、到底現地住民に受け入れられるはずのない内容である。民族主義に代表される新しい時代のうねりに逆行し、日本人には受け入れられたかもしれないが、国際世論には受け入れられるはずがなかった。時代の潮流に逆らう大東亜共栄圏構想を掲げた頃から、日本の国際的孤立が深まるのも無理からぬことであった。

日本軍の仏領インドシナへの進出にともない、アメリカの対日輸出規制が強化されると、次第に日本の脆弱部分が持ちこたえられなくなってきた。あらゆる事態を考慮して対策を立てておくことは、国防のみならず国家を担う者の責務である。石油の大半がアメリカからの輸入で占められるならば、日米友好が国是あるいは国策の基本にならなければならないが、日本はそうしなかった。日本があくまで主張を通そうとすれば、それを決定した時点でアメリカに頼らないですむ体制を築いていなければならないが、現実はその逆へと進行していった。

一九三五（昭和十）年前後になると、日本の産業は、電力開発、鋼鉄や銅・アルミ等非鉄金属の電気精錬、高精度ベアリング等精密機械製造を中心とする新しい時代に入ったが、いずれもアメリカの技術協力が欠かせなかった。新設の大型工場はアメリカの指導で建設され、搬入される機械類はアメリカ製が多数を占め、生産が本格化するまでアメリカ人技術者が指導した。アメリカは、技術者が携わった新鋭大型工場や関連産業に関する報告書を厳しい記録保存体制の中で管理し、日本の産業の構造、レベルや問題点、生産能力をかなり正確につかんでいる。日米関係が悪化した際、アメリカは屑鉄とか工作機械といった意外な品目を経済制裁の対象にしたが、その根拠はこうした報告書から出たものであろう。

日米開戦後、アメリカは直ちに日本本土の爆撃対象の選択に着手したが、その際の資料になったのも、アメリカ人技術者が日本で行った技術協力や工場建設に関する報告書類であった。アメリカが日本全国に建設された工場まで知っていたのは、諜報活動の成果ではなく、経済協力の賜物であった。米陸海軍が選んだ目標を基に約千ヶ所の〝Joint Air Target〟が作製され、B29や空母艦載機による日本爆撃の基礎資料になった。この爆撃目標リストが明らかにしてくれるのは、戦前の日本の産業がアメリカに大きく依存していた実態で、アメリカから輸入できなくなった石油や鉄類を南方資源地帯で調達したところで、日本の経済上の問題を解決できるほど単純ではなかったということである。

当時の陸海軍の特色の一つは、陸軍であれば造兵廠・被服廠・兵器廠・火薬製造所等を、また、海軍は海軍工廠・火薬廠・兵器廠・航空廠等といった、兵器類の開発・製造・備蓄を行う大型製造施設を全国に多数所有していたことである。工場施設の数・面積・従業員・生産量等を合算すれば、三井・三菱・住友等の財閥をはるかに凌ぐ我が国最大のメーカーと呼んでもおかしくない規模を誇っていた。つまり、日本の陸海軍は兵器弾薬を消耗するだけの組織でなく、日本の産業の中で最大の生産集団でもあり、経済や技術について最も明るい集団であってもおかしくなかったのである。だが、日本で最大の工場施設を有していながら、経済界をリードするでもなく、新技術の開発に貢献するでもなかった。

厖大な量の工業資材を購入し、下請けに部品類を発注し、平時でも全国の陸海軍工場で働く数十万人の従業員に賃金を支払い、完成品を鉄道を使って全国にある陸海軍基地に輸送すれば、それだけで国内経済の活性化に大きな効果があった。だが、経済恐慌において、景気対策として注文を前倒しにしたり、期限つき雇用者を増やしたりするといった施策を行うでもなく、恐慌克服に指導的役割を発揮したという話もない。

官営工場として利益を生み出すことに無関心で、競争相手が存在しない官営メーカーらしく、新技術開発や生産性向上に消極的で、近代日本の発展にとってどれほどの役割を果たしたのであろうか。陸海軍を支えればそれで十分であったといわれるが、日本の銃器や砲熕類が列国に比べて著しく立ち遅れたことは、ノモンハン事件や太平洋戦争で明らかであり、責務を果たしたとは言い切れない。

支那事変がはじまって間もなく、銃弾や砲弾の備蓄が底をつき始め、陸軍造兵廠は大慌てで下請けの業者に生産を督促したが協力が得られず、現地部隊の作戦遂行に深刻な影響が出てきた。こうした〝国賊的〟非協力は、これまでの事変や軍事衝突ごとに無理な注文に応じてきた業者たちが、事変が終わるや否や発注済みの納品を拒否されたり、生産をはじめた直後に契約を打ち切られるなど、商慣習を無視した役所的態度のために度々大きな損失を出したことに起因する。国内工業の一角に位置し、下請けの協力が不可欠であれば、産業界の取引習慣を尊重する最低限のマナーが必要であった。

巨大な生産集団でもあった陸海軍は、国内の下請けや関連産業に支えられていながら、その自覚に欠けていたことは確かである。経済界と協力し合う関係を築くことより、官尊民卑の伝統に沿い、官の地位を顕示することに熱心であった。そうかといって、造兵廠や兵器廠等の造兵部門に属する軍人や官吏は、陸海軍の中で優遇され、意見が尊重されたとはいいがたい。とくに、陸軍士官学校、陸軍大学校を出た将校が優遇される陸軍には、モノを作る者やカネの話をする者を軽蔑する空気があり、超エリート扱いされる歩兵科将校にその傾向が強く、彼らが陸軍省や参謀本部の要職を半ば独占する状態で、技術革新や生産性向上を求める動きが出てくることは期待できなかった。

こうした感覚では、アメリカからの経済制裁を受けたとき、新たな供給先、輸入先を見つけるだけの話になってしまう。大陸政策や対米英政策を根本から見直し、最善の選択肢は何か議論を重ねる方向へと進まないで、輸出制限を受ける石油や屑鉄をどこから輸入するか、代替資源はないか、節約方法はないか、といった話にすり替わるだけである。

陸軍には三国同盟に対する過度な期待があったが、外交関係に特化した同盟であれば、ある程度の有効性を持っていたであろう。しかし、援軍を出し武器を送ることまで含む軍事同盟となると、何一つであきない同盟であった。独伊のように間にスイスとオーストリアしかない距離であれば、同盟の効力をあてにすることができるが、遙かに遠い日本と独伊の間では精神的支援以外はほとんど期待できなかった。アメリカとの経済関係を蹴ってまでドイツを選んだ日本の計算式には、遠くなるほど同盟の軍事力の効果が薄くなるという単純な法則が存在しなかったらしい。

同盟の効果として、ドイツから購入できる最新技術の兵器があった。大戦中、ドイツの高度技術の買い入れのために何隻かの潜水艦が派遣されたが、メンバー選びは潜水艦を運用する海軍が決めるため、自ずと海軍寄りの人選が行われた。そのため同盟成立を強行した陸軍には得るものが少なく、米内光政や山本五十六らが同盟に強く反対した海軍の方に多くの余得が生まれる皮肉な結果になった。海軍が「秋水」「橘花」といったドイツ系航空兵器に取り組んだ背景は、こんなところにあったのである。

日本は満洲や中国大陸に多くを期待したが、それには長い時間が必要であり、すぐにアメリカに代わることはできなかった。それはこれから取り組むことになる南方資源地帯も同じはずであった。アメリカと抜き差しならない関係に陥り、日本の糧道が一つ一つ断たれていく現実を前にしながら、アメリカに譲歩するか、さもなくば戦うかに追い込まれたのが、対米戦争勃発に至る大まかな流れである。国家の命運を握っていた軍部にはアメリカに頭を下げる勇気はなく、戦争をする道しか残されていなかった。これが日本人が理解している開戦に踏み切った理由だが、説得力に欠けた理由である。

三　海軍と太平洋戦争開戦

援蒋ルートの遮断をめぐり、仏領インドシナを南下してアメリカとの開戦を不可避にしたのは主に陸軍の行動に原因があった。しかし、対米戦になると、その矢面に立つのは陸軍ではなく海軍であった。戦後になって、海軍がアメリカと戦えないといえば、陸軍も対米戦を諦めるつもりであったという身勝手な回想が残されているが、このように海軍の真意を忖度できず、責任逃れを平然と口にする者が陸軍の要路に居座っていたことも、最悪のコースへと進んでいった要因の一つである。

開戦に向かって国を挙げて動き出しているときに、軍人の口から戦えませんといえないことぐらい容易に想像がつく。短い周期で人事異動が行われる日本の組織では、玉石混交といえば大変失礼になるが、いろいろな人物が参謀本部や陸軍省の要職にまで昇ってくる。それは海軍もまったく同じである。たまたま忖度を苦手とする者が昇進して、重要な決断をする巡り合わせになるほど、国家として不幸なことはない。機械的に人を替える組織では、国家の命運を託すことが難しい人物も要路に立つことがあるというのが、太平洋戦争が残した教訓の一つである。

対米戦争は自分たちの仕事だと一途に思い込んでいたのは海軍だが、日露戦争直後に行われた「帝国国防方針」の策定の頃より、想定される敵国としてアメリカとの戦い方について研究し、日夜、戦略や戦術をあれこれと考え込んできた。日露戦争後、「連合艦隊」は日本人に安心感を与えるサウンドになり、苦しいとき、呼べば助けてくれる希望になった。一九三三（昭和八）年まで、年に一回行われる大演習のときだけ、第一・第二艦隊を合わせて編成されていたが、これ以降は常設機関になったため、太平洋戦争末期、艦船を喪失し、艦隊を編成できなくなっても、連合艦隊司令部には参謀らが多数配置され、横浜日吉の地下壕に残り、何かしらの業務を続けた。連合艦隊を廃止した時に起こる陸海軍将兵や国民への精神的衝撃を避けたいという気持ちが海軍の中央にあったのであろう。

連合艦隊の編成の目的と使命は敵艦隊を撃滅することで、そのため複数の艦隊を連合して敵艦隊を上回るか、引けを取らない陣容にする必要があった。邀撃すなわち迎え撃つことが連合艦隊の海戦に臨む鉄則ということになっているが、日清戦争では北洋艦隊を求めて積極的に前進しているので、邀撃に絞ったのは、日露戦争における日本海海戦を模範にしたからであろう。敵艦隊を撃滅する目的に変わりはなく、連合艦隊の編制も昭和まで大きく変わることがなかった。だがこの間、艦隊の規模が拡大するだけでなく、大正時代には潜水艦の配備と主力艦の石油燃料化が進み、昭和になると航空機が配備され、空母部隊と基地航空隊が編成されるといった大きな変化があった。それでも連合艦隊の目的と編制を見直す動きは微塵もなかった。

見直す機会が一度もなかったのは、日本海海戦において露国バルチック艦隊を打ち破ったことで、連合艦隊の不敗神話が海軍はおろか国民の間にも浸透する一方、海軍内では艦隊決戦によって戦争の勝敗を決する理論が構築され、この理論の中で連合艦隊は不動の地位を与えられたためである。この神話と理論が否定されないかぎり、連合艦隊の地位と任務が変わることはあり得なかった。

技術開発に関心が高く、日進月歩の技術がもたらす戦術の変化や、技術に見合った組織体制づくりに人一倍敏感で熱心に取り組んだ海軍だが、ものごとを客観的に分析して考える科学主義とは幾分違っていたようだ。連合艦隊を見直す動きがなかったのも、海軍の関心が機器のもたらす実利のみに向けられていたからで、国家や社会の変化を合理的に捉え、どうあるのが歴史の流れに適っているか、といった客観的見地とはかけ離れていたからである。

大戦直前の連合艦隊司令部は、海軍が保有する戦艦、重巡、空母等の主要艦を含む全艦艇の八〇から八五％を隷下に置いていたといわれる。これだけの大所帯で、行動範囲も南太平洋にまで延び、その上、艦艇だけが戦力であった時代から航空戦力も新たな戦力に加えるまでになっており、日露戦争時代の連合艦隊とは似て非なるものといえるほど、外面・内面ともに大きく変わっていた。

これほどの大艦隊になると、独自の情報機関を有し、戦時・平時に関係なく国際情勢から軍事資源及び兵器の流通等にまでアンテナを張り、さらに、最新の各国の海軍や航空隊の動向を観察することまで担うことになる。以前のように、作戦面だけに集中すればよいという状況ではなくなっていたのである。そうなると司令部機能は膨れる一方だから、どこかの時点で、どのような司令部が時代のニーズを捉えられるか、どこに置くのが任務遂行に適切か、といった根本的対策を迫られるはずであった。

大演習のときにだけ連合艦隊が編成される制度をやめ、一九三三（昭和八）年から連合艦隊が常設されることになった理由にも頷けるものがある。もっともこのときの改正は、時代のニーズに合わせたものというより、主体は海軍省と軍令部の対立にあった。明治時代以来続く〝本省派と艦隊派〟つまり、中央勤務と地方勤務（艦隊勤務）の対立の延長で、艦隊派（艦隊勤務）が一矢を報いたという側面が強かった。

日本人の連合艦隊司令部に対するイメージは、概ね日本海海戦の際に東郷平八郎及び幕僚たちが三笠艦上で指揮する光景であろう。太平洋戦争では業務が何倍にも増え、通信機器の台数も容積も大幅に増え、狭い艦内では制約が多く対応が困難になってきた。連合艦隊司令部が海上から陸上に置かれるようになったのは、戦闘可能な機動部隊を失ったマリアナ海戦後の一九四四（昭和十九）年九月末だから随分遅かった。

連合艦隊司令部は年々定員が増え、開戦の頃には、中央の軍令部の陣容に劣らぬほど肥大化し、とくに、作戦関連分野では顕著であった。そうなって懸念されるのは、作戦計画策定や作戦指揮における二重構造化である。作戦計画全般は、軍令部総長の命を受けた軍令部作戦課が担当する制度になっていたが、第一線の全艦艇を掌握する連合艦隊が独自の作戦計画を立案し、軍令部に作戦計画を突きつけることがありえるようになった。山本五十六が司令長官になってから、こうした動きが再三あり、軍令部側が譲歩することが多かった。

開戦時に行われた空母機動部隊によるハワイ真珠湾攻撃は、軍令部の反対を押し切って連合艦隊司令部が計画を策定したことはよく知られている。連合艦隊司令部が軍令部に劣らぬ組織になったときから、懸念されたことが現実化したのである。軍令部の作戦構想と連合艦隊の作戦構想が一致していればともかく、常にそうなるとは限らない。軍令部作戦課は大局、戦局を勘案して計画を考えるが、連合艦隊は現場の感覚で立案する傾向が強く、陸軍の大陸政策が現場に引きずられたのと同じく、海軍でも現場に引きずられることが起こったわけである。

連合艦隊が真珠湾奇襲作戦案を持ち出したのは開戦半年前のことであった。軍令部はこれに大反対であった。その場合には、連合艦隊側が引き下がらなければならないが、どうしてもやるといって聞かなかった。軍令部の方は、南方資源獲得のために蘭領インドと英領マレーに進攻するのが本作戦と考え、こちらに空母を使うつもりでいた。ところが、連合艦隊が支作戦であるハワイ作戦に全空母を使いたいというので、当然、軍令部は猛烈に反対した。

軍令部で作戦計画の立案を担当するのは第一部第一課で、一般に軍令部作戦課、その長を作戦課長と呼んだ。当時の作戦課長は富岡定俊大佐で、大戦中、一度は転出しているが、終戦時に戻って第一部長（作戦部長）になっていた。大戦中の軍令部を代表する存在であり、作戦立案の中心的人物であった。

作戦方針及び計画は、部長の指導を受けて課長が中心となって立案され、次長、総長の承認を得て軍令部案になる。立案過程において、次長や総長も文案や字句の修正を指示するが、前もって了解を得ている骨子の変更まで命じることはなかったから、作戦課長の役割が圧倒的に大きかったといっても過言でない。それだけに作戦課長こそ、軍令部の看板を背負っているといえるわけである。

富岡は兵学校四十五期出身の俊才で、艦船畑を歩いてきたにも関わらず、これからの海戦は航空戦力によって決せられると確信し、口には出さなかったが、艦隊決戦を時代遅れであると思っていたことは間違いない。海軍内で艦隊決戦を批判すれば出世できないことぐらい誰でも知っていたから、富岡も黙り通して作戦課長のポストを得たのだろう。

日米が戦う場合、艦隊による戦いが主体になると考える者が日米海軍ともに多数を占めていたことは、紛れもない事実である。しかし、どこにも多数意見に組しない〝変わり者〟が必ずいるものである。アメリカでは、のちに空軍になる陸軍航空軍の中に、これからは軍艦ではなく航空隊を押し立てて海洋を渡る時代になる、だから爆撃機の開発・生産をどんどん進め、大洋を渡る爆撃機には魚雷を積み、敵艦船を攻撃する訓練もしなければならない、といった耳を疑いたくなる過激論をぶち上げるウィリアム・ミッチェル陸軍少将のような人物がいた。実際に大戦がはじまってみると、日本の艦船や輸送船は、魚雷を放つ米陸軍航空機のためにさんざんな目に遭わされたし、大型爆撃機のために主な湾口、海峡が機雷封鎖され、本土の全国民が餓死しそうになった。

日本海軍では、航空本部長であった井上成美が『新軍備計画論』の中で、日米戦は「帝国領土に近きものより順次に足場を固めつつ、歩歩前進的に実施せらるべきもの」と、両国の間に散在する島々を一つ一つ取って前進する戦いになるので、「此の領土攻略戦は日米戦争の主作戦」と論じている。太平洋の領土を島嶼に置き換えると、暗にこれからは艦隊決戦でなく島嶼戦の時代であるといっていることになる。そして、島嶼戦では、艦艇よりも飛行場を利用する航空機が主戦力になるというのが『新軍備計画論』の画期的理論であった。

このような島嶼戦・航空主戦論は、海軍内で少数の意見であったため、艦隊決戦論をぶち壊すには至らなかった。井上の主張を、富岡がどう思っていたのか記録がない。時代の趨勢を客観的、科学的に眺めれば、艦隊決戦論は最早時代遅れであるという疑問を持っても驚くに当たらない。だが、当時の日本の超エリートであった海軍士官でさえ、時代の潮流を客観的に見通すことはできなかった。彼らは、海軍兵学校（海兵）や海軍大学校（海大）で教えられた内容については素晴らしい理解力を示す学業優秀者だったが、海大や術科学校で教えられないことに対する判断力、将来を読む洞察力、創造力が必ずしも高かったわけではない。だからこそ海大で学んだ艦隊決戦論に疑問を持たず、いつまでも大切に守り続けることができたのであろう。

だが、二、三十年後まで使う軍艦を建造する海軍にとって、学業優秀者は必要な人材だが、これから進む近未来の軍事情勢をできるだけ正確に予知し、その時の海軍像を創造できる人物はもっと必要であった。こうした能力の有無を海兵や海大で見抜けないのは当然で、兵学校の卒業時の序列で昇進が半ば固定化されてしまうと、こうした創造的人物を見出せない確率が益々大きくなることが懸念された。井上や富岡は、兵学校の成績が優秀で、その上、近未来を想像する能力にも長けていた稀有の人材といってよいだろう。やはり人事は、卒業後の言動に連動させるのが最善である。

富岡は、海軍の誰しも考えなかった対米作戦構想の持ち主で、開戦時まで決して口に出すことはしなかった。そのような者が、なぜ海軍における作戦計画立案の要のポストに就くことができたのか理解に苦しむ。富岡が単なる学業優秀者でなかったことは作戦構想力によく現れているが、それがいつ認められ、作戦課長・部長という海軍で最も枢要のポストを占めることにつながったのか、よくわからない。もしかすると、彼が信頼を置く上司や同僚と秘かに議論し、議論を通じて構想を深める努力を続けていた姿を見て、彼以外に将来の海軍を託せる者がいないと考える上司がいたのかもしれない。富岡の周囲に、彼を引き立てて作戦課長に据える実力を持った大将級の大物将官がいたのではないかと想像し、片っ端から検討してみたが、特定するのは難しかった。

長い間、筆者は文書で知り得たことを、海軍一族で、自身も海兵卒の尉官で終戦を迎えた海軍出身者に確認を取る手法で、〝海軍の事実〟を積み上げてきたが、その頃はまだ「富岡作戦課長」の歴史的役割について気づいていなかった。もう富岡を直接知る旧海軍関係者はこの世になく、彼の庇護者が誰であったのかを聞き出す糸口がない。公文書には、こうした〝海軍軍人のプライバシー〟を綴ったものは少なく、関係者から伝聞を聞き出す以外にないのだが、時期が遅すぎた。

一九四〇（昭和十五）年十月に作戦課長に就任して以来、日米関係の悪化を睨みながら、万一、開戦した場合に海軍が取り組むべき作戦方針を練り、具体的作戦計画の立案の準備を進めた。陸軍との調整以上に、海軍部内の意見調整が難しかったと、軍令部勤務の経験者から聞いたことがあるが、統帥権を盾にすれば陸軍の口出しを防ぐ方法があったのに対して、海軍部内の見解や主張の対立には境界がないため、如何ともしがたいことが少なくなかった。

陸軍が現地部隊の強硬姿勢に引きずられ、そのためアメリカの経済制裁が強まる一方であった一九四一（昭和十六）年、軍令部作戦課は日米戦に備えて作戦計画の立案に忙しかった。日米関係の悪化が制御不能になりはじめたのは、陸軍が仏領インドシナ、すなわち今日のヴェトナムの北部から南部に部隊を入れ、マレー半島や蘭領インド、すなわち今のインドネシアをうかがう姿勢を見せたときからである。万一、開戦に至った場合には、この地域に艦隊を派遣し、マレー半島及び蘭領インドへの進攻作戦を成功に導くことが、陸軍が最も渇望するところで、軍令部としてもほかに選択肢はないと思われた。

ところが突然、連合艦隊司令部側から真珠湾奇襲作戦計画案が提起された。本来、軍令部の作戦計画に従うべき連合艦隊側から作戦計画案が出されたのが面白くなかったのは当然である。しかし、それ以上に、真珠湾作戦案を呑むと、軍令部が取り組んでいたマレー半島及び蘭領インドへの進攻作戦に空母機動部隊が使えなくなり、作戦の成否を危うくする恐れのあることが問題であった。また、真珠湾攻撃作戦は奇襲に成功しなければ目的を達成できないと考えられ、軍令部にとって博打に近い作戦に思えることも大きな問題であった。

連合艦隊側の言い分は、蘭印やマレー半島方面に進攻したにしても、敵の主力である米艦隊が残っていれば、遠からず必ず逆襲されるのではないか、先に米艦隊に打撃を与えておけば、安心して蘭印やマレー半島方面への作戦ができるだけでなく、占領体制を固めておけば、いずれ来攻するであろう米艦隊を迎え撃つ態勢を整える時間ができるのではないかというものであった。敵艦隊撃滅を最大の使命とする連合艦隊にしてみれば、米艦隊を撃破すれば、あとはどのようにでもなると考えたのであろうが、南方資源地帯を確保したあとの資源の還送を安全に行う航路の確保など様々な課題を抱える軍令部にとっては、連合艦隊の考えは、米軍の反攻を米艦隊の来攻だけに決めつけ、ほかの方法もある可能性をまったく無視しているかのように思われた。

山本五十六が、連合艦隊側の作戦構想を軍令部に認めさせるため、参謀の黒島亀人大佐らを派遣して説明させた経緯は広く知られている。現場側の強い突き上げを受けると、中央側の老人が折れるのが陸海軍の構造的特徴であった。黒島らが執拗に真珠湾攻撃を主張し続けたのに対して、軍令部を代表する富岡が問題点を理路整然と指摘し反論した。膠着状態になったとき、富岡から報告を受けた物わかりがよいが責任も取らない上司が老人らしい優しさを見せ、〝やらせてみたらどうか〟の一言で連合艦隊側の要求を呑まされてしまった。

富岡にすれば、物わかりのよい上司がいるために、連合艦隊とやり合っても無駄骨になることは、はじめからわかっていたにちがいない。それを見越した上で、陸軍との間で行うマレー半島上陸作戦及び蘭領インド進攻作戦の準備に全力を尽くしながら、来るべき対米戦に備えた方策を秘かに練っていた。海軍の長老たちも、連合艦隊司令部の面々も、来攻する米艦隊を撃滅できれば、戦争は日本の勝利で終わると考えているように見えた。井上成美が『新軍備計画論』で述べているように、「これからの戦争は、戦闘の幅が大きく広がっており、ことに、ここ十年、二十年の航空機の著しい進歩が、新たな戦闘を可能にしている」ことを直視しなければならなかった。

第三章　海南島と南シナ海をめぐる作戦計画

一　はじめて視界に入った海南島

一九三九（昭和十四）年一月、三井物産で水銀鉱山の開発や水銀購入を担当していた吉崎博は、日本窒素社長の野口遵、鴨緑江電力社長の久保田豊、朝鮮窒素社長の阿部好良とともに、台北の海軍武官府が出してくれた連絡機に乗って南シナ海を飛び、海軍秘密航空基地を目指した。秘密基地は東沙諸島の無人島の一つである三沙島に設置されているという話であった。海軍が一九四二（昭和十七）年十一月に作製した「航空基地一覧」に同島の飛行場は見えないので、ずっと秘密扱いであったと考えられる。東沙諸島は、すでに台湾編入を済ませたあとであったから、飛行場を設置するのも自由なのだが、来たる南方政策を考慮して秘密にされていたのであろう。

台湾総督府を束ねる総督は、明治時代には陸軍軍人が名を連ねていたが、大正時代になると、警視総監、内閣書記官長、関東民生長官といった官界出身者が歴任した。ところが、一九三六（昭和十一）年九月、ロンドン軍縮会議のとき軍令部長を務め、軍縮問題が政界・海軍を揺るがす大問題に発展する原因をつくった加藤寛治が就任しそうな気配になったが、加藤はこれを固辞して、二・二六事件直後に予備役になっていた小林躋造海軍大将を推薦した。小林を推薦するに至った裏事情があったらしいが、ここでは取り上げない。初代総督の樺山資紀以来、実に四十数年ぶりの海軍出身総督であった。

陸軍の満洲や華北での活動を北進論（政策）といい、陸軍と対抗する海軍の活動を南進論（政策）と呼ぶ。海軍の南進政策は、パラオやトラックを拠点とする内南洋及び周辺への進出のほか、台湾を拠点に南シナ海及びその周辺への進出政策を指す場合がある。小林の台湾総督就任は偶然ではなく、海軍が南進政策を強める現れであったと考えられる。三井物産の吉崎が「台北の海軍武官府を訪ねたとき、参謀肩章をつけた将校たちで一杯であった」と述べているが、彼は海軍が南進政策に本格的に乗り出した時期に台湾を訪れ、その一端を垣間見たということだろう。

一九三七（昭和十二）年九月、台湾に基地を置く海軍が東沙諸島を占領し、三八（昭和十三）年十月には長島に上陸し、日本政府は十二月二十八日に長島を含む新南群島を台湾に編入、前日の二十七日に西沙群島の台湾編入を決めており、これを二十八日に実施したものと思われる。これが海軍の南進策の本格的なはじまりである。一九三九（昭和十四）年二月、ハノイ・ルートとビルマ・ルートの二つの援蔣ルートの遮断を目指していた日本軍は、中国にとって南シナ海の玄関口になる海南島の攻略作戦を実施し、南シナ海の要衝はことごとく日本の占領するところとなった。なお、海南島占領の細部についてはあとで述べる。

台湾に最も近い東沙諸島の南西方には西沙諸島、南方には新南群島（現在の南沙諸島）、フィリピン近くに中沙諸島の位置関係である。また新南群島は、無主の地ということになっていたが、一九二九（昭和四）年に日本人が進出して硫黄の採掘事業を営んできた経緯がある。台湾駐屯の海軍が進めた南シナ海諸島の占領及び台湾編入は、中国大陸を南下し、援蔣ルートの遮断を進めていた日本軍と没交渉であったとは思えないが、別の意図、つまり海軍の南進策に基づくもので、将来のために、石油を産出するボルネオ島や蘭印への航路を確保しておきたいという意欲があったのではないかと推測される。

南シナ海の各諸島の地図

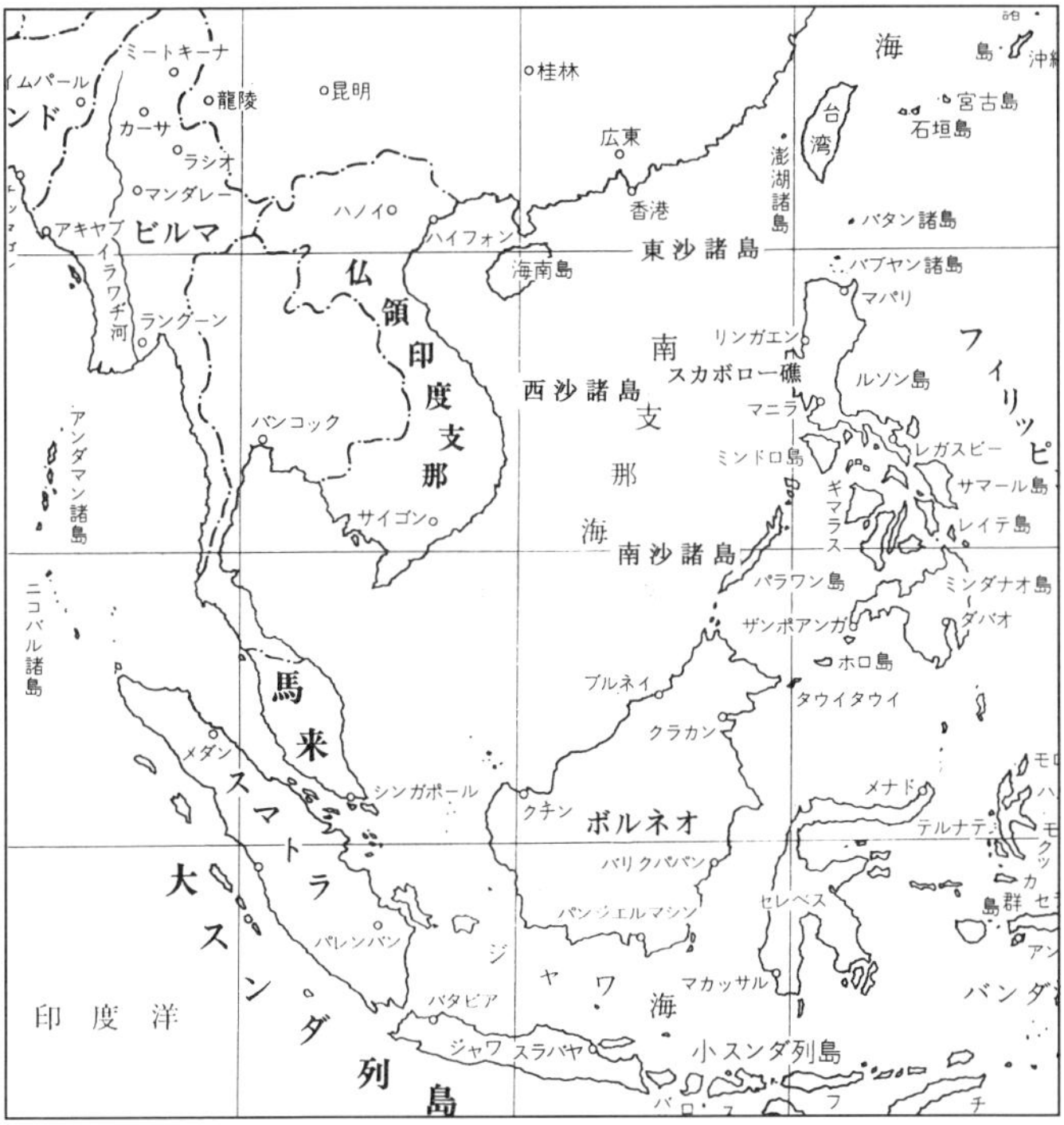

こうして一九三八（昭和十三）年までに、台湾に拠点を置く海軍が南シナ海の島々を支配下においた。当時、南シナ海の周囲には、欧米宗主国が支配する植民地しかなく、日本軍の行動は、仏領インドシナのフランス総督府から度々抗議を受けるだけであった。マレー半島やボルネオを有するイギリスからは何の抗議もなく、南シナ海の航行の自由が保証されれば、イギリスの利益を害することがないとして黙認されたのであろう。

　中国船が我が物顔に南シナ海を航海したのは十五世紀の鄭和の艦隊のみで、それ以降、前述したように、二十世紀末まで、中国は南シナ海と縁が薄く、とくに清末民国の近代は、欧米列強や日本のために海上進出を封じられ、完全な外国の海になってしまった。

一九二〇年代の一時期、蒋介石の国民党政府が西沙諸島を広東省に編入したことがあるが、二〇年代といえば孫文、ついで、蒋介石が北京の軍閥政権の打倒を目指して北伐運動に全力で取り組んでいた時期で、南シナ海に中国の公船はおろか、商船さえも見掛けない時期で、西沙諸島に対してどれほど実効支配ができたのか疑わしい。北伐は三期、すなわち、孫文が指導した第一次（一九二二・二～六）と第二次（一九二四・九～一二）、蒋介石が指導した第三次（一九二六・七～二八・一二）に区分され、北京の旧態依然たる軍閥政権を追放し、近代的政権を樹立した大事件とされる。

国中の目が北方の北京に向けられる一方、新政権の樹立に伴う国威発揚の気運が高まった頃である。こうした中で、西沙諸島の広東省編入の手続きを進め、あたかも政権が南方にも勢力を伸ばし、領有に成功した島嶼もあるかのような印象を国内に広める狙いがあったのであろう。中国の同諸島領有を裏づけるほどの実績はなく、紙上のみの主張に近い。実際、一九三三（民国二十二・昭和八）年にフランス総督府が西沙諸島にヴェトナム人を入植させ、フランス人官憲も置いているが、これに対して中国側が抗議したこともなかった。

南シナ海の一角を占める海南島には、非漢人の少数民族が多くを占め、イスラム教徒も多く、明清時代の都であった北京からすれば新疆地方と変わらぬ辺境であり、遠方かつ瘴癘の地として、長い間、流刑地として利用されてきた。日本の江戸時代の八丈島に似ているが、送り込まれたら戻ることは難しい暗黒の島として受け止められていた。漢人の進出がはじまったのは清朝末期と考えられ、それにつれて中国文化が流入し、民度の向上とともに暗い印象が改まったのは近代になってからである。海南島がこのような扱いだから、流刑地のその向こうにある南シナ海は世界の果てに近い扱いで、中国人が活動するような舞台ではないと思われてきた。

太平洋戦争終結後、国民党政府も北京の中国政府も、日本軍が支那事変の延長として海南島・台湾から南シナ海に進出し支配した極く短い期間を、中国の国権発動及び自国の歴史として巧妙に組み込んだ。中国政府は、日本が台湾に編入した南シナ海の諸島は戦後も台湾の一部であり、台湾は中国の一部であると主張し、今日に至っている。しかし、台湾は事実上独立しており、台湾を認める第三国からすれば、南シナ海の諸島は台湾領になるので問題は難しい。

さて、吉崎らの一行は、翌日、再び海軍が提供してくれた偵察機で南シナ海を横切り、日本軍が占領したばかりの広東に降り立った。一行の目的は、化学工業経営の指導者が顔を揃えていたことから想像できるように、広東に化学工業を起こす条件があるか、また、広東省全体で産出されるタングステンが全世界の生産量の六十％を占めるほどであったことから、この一部でも日本が管理し、日本企業が経営できないか調査することであった。

しかし、広東に着いた四人の話題は海南島に集中し、同島こそ南シナ海経略の中心に最もふさわしい、ここを押さえることによって軍事・政治面で日本の影響力を仏印・蘭印・マレー半島・ボルネオ方面にまで拡大できるだけでなく、経済的には同島や周辺の地下資源や農産物を入手することができれば、日本にとって大変な利益になるはずだと話が弾んだ。海南島は中国で最大の島で、九州より僅かに小さいだけ。南シナ海に突き出た位置は一帯に睨みを効かせる上で好立地であったし、マレー半島等の南方地域への進出の拠点になりそうな期待を抱かせた。

広東とともに海南島の攻略を主導したのは海軍軍令部で、この攻略戦は「海の満洲事変」とも呼ばれ、中国戦線で傍観者気味であった海軍が、前面に立って進めた作戦であった。海南島攻略の目的は、同島に飛行場を設置してハノイ・ルート及びビルマ・ルートと呼ばれる援蒋ルートの監視と遮断にあり、富岡の二代前の作戦課長であった草鹿龍之介が作戦計画の立案に当たり、熱意のなかった海軍省や軍令部を説き伏せ、さらに、陸軍の参謀本部をも説得し、陸海軍の協同作戦として実施することを決めた。これまでは中国を相手にする戦いであったため、陸海軍はあまり外交面に配慮してこなかったが、海南島から至近距離に仏領インドシナがあることから、政府の了解を得ておく必要を感じた草鹿は、出張先から帰京する平沼騏一郎首相を東京駅に迎え、了解を取りつけた。

一九三九（昭和十四）年一月十九日に海南島攻略の大本営命令が下り、攻略作戦を担当する旅団長飯田祥二郎少将隷下の台湾混成旅団（通称・飯田支隊）を載せた輸送船隊は香港南西の万山泊地に集結、二月八日夕、第五艦隊第五水雷戦隊の護衛を受けて同泊地を出航、十日深夜、中国本土側の雷州半島と海南島の間の海峡に面した澄邁湾から上陸を開始した。上陸終了後、その日のうちに海口、青瀾港を占領し、補給の拠点とした。十四日には、海軍陸戦隊が海南島南端にある三亜港を陥れ、さらに楡林、崖州を占領した。九州に近い面積の全島の制圧には数週間を要すると見積もられたが、一週間もたたない間に攻略作戦を終えた。中国側の抵抗が軽微であったのは抗戦意志が弱かったことにもよるが、国民党政府には同島の戦略的価値に対する認識がなく、同島に本格的部隊を投入する必要性を感じていなかったためと考えられる。

海南島に渡る雷州半島にはフランスの租借地もあった上に、仏領インドシナに対する脅威を感じたア

海南島攻略作戦図

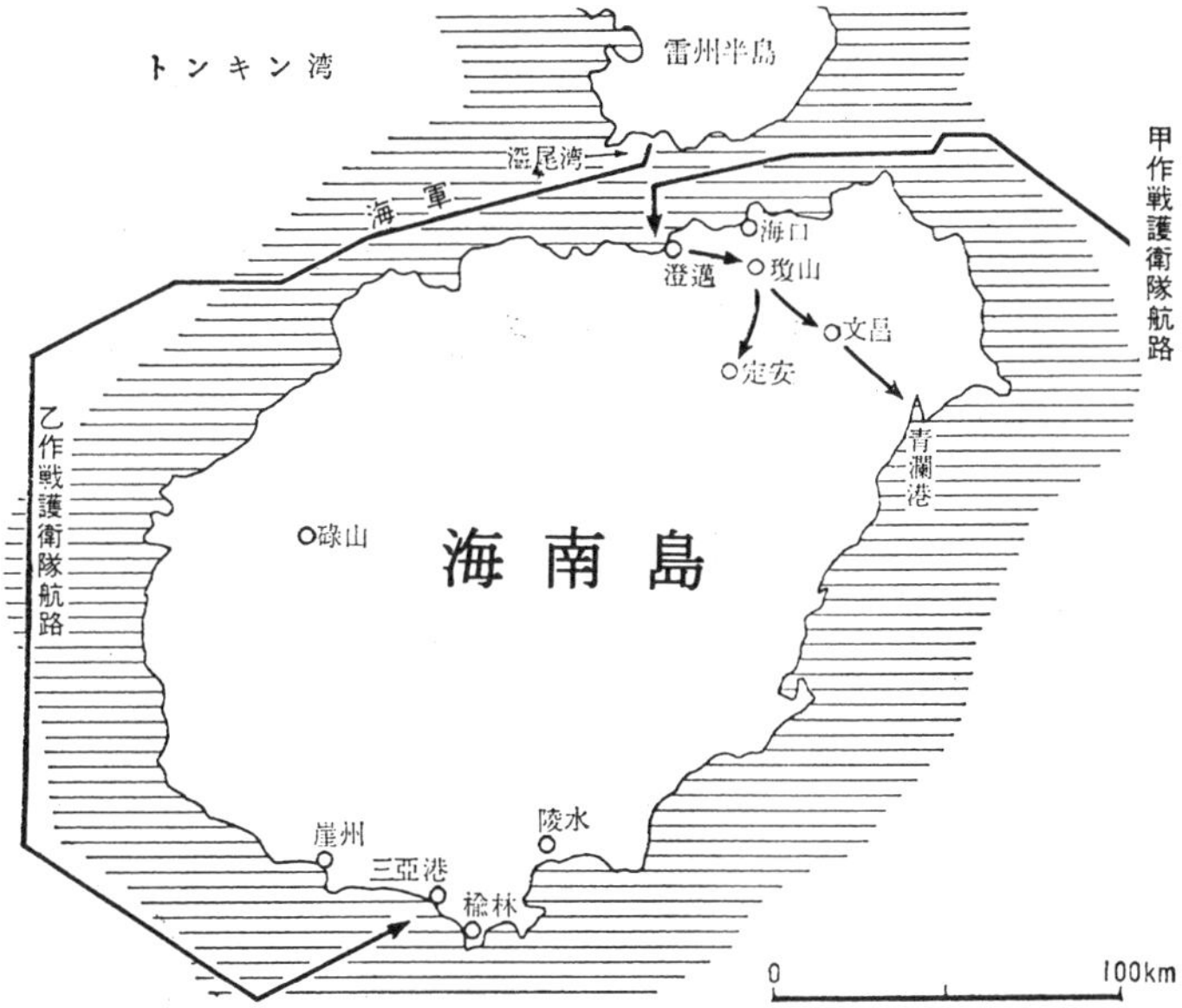

出典：『戦史叢書　支那事変陸軍作戦〈2〉』339頁

ンリー駐日仏大使から抗議的質問を受けた。また、南シナ海周辺に植民地を有するクレーギー駐日英大使からも同じような質問を受けた。植民地列強が日本軍の南シナ海への進出に大きな脅威を感じはじめたことがうかがわれる。

重慶にある蒋介石は、二月十二日、外国人記者と会見し、次のような予言に近い見解と先行きを予想している。

……日本は海南島を攻撃することによって太平洋に第二の奉天を創り出したのだ。奉天は満洲事変の発端であった。海南島は太平洋事変の発端であらう。……余の信ずるところに依れば、若し日本が海南島を保持することが許さるれば、間もなく同島には空軍根拠地が設置されると思はれる。この結果太平洋における国際情勢は一大変化を招来するであろう。……日本が今回の南進行動に出たのは、これをもって日支間の交戦状態を終熄せしむる意図から発足したものではなく、明かに戦争を太平洋まで拡大せんとする危険を冒す決意の下に為されたものである（『戦史叢書　中国方面海軍作戦〈2〉』九七頁）。

海南島上陸を太平洋戦争の発端と位置づけ、日本の太平洋方面への勢力拡大の決意の表れだとする蒋介石の分析には驚かされる。日本には、ここまで言い切ることができる指導者はいなかったし、これほどグローバルな見方をする指導者もいなかった。この時期、中国大陸の戦いが英米を加えた対立へと変転したが、最後には太平洋をめぐる日米戦争に発展するなど、誰一人として論理的に組み立てて説明できる日本人はいなかった。作戦を立案した草鹿龍之介も、艦隊決戦など時代遅れで、これからは航空戦の時代だと公言して憚らなかった先進的な考えを持つ一人であったが、彼にも自分が進める作戦計画が太平洋戦争へと進展するという見通しを述べるほどの展望の広さはなかった。

蒋介石のように、将来を的確に予兆し、戦争だけでなく国際政治や国内情勢、経済や資源の問題まで含めて長期的展望に基づく戦略を追求するだけでなく、直近の戦闘やここ一、二年の戦闘にどう対処するかまで考えられる指導者は日本にはいなかった。一年半か二年で定期的に異動する制度の下では、長期的な展望や戦略を持つ軍人は育たない。官僚から上がってくる政治家も同じである。集団的指導制でもないから、原理原則や戦略を徹底的に積み上げた体制にもならない。

日本のような機械的な人事制度は、汚職賄賂が少なく、情実に左右される政策が起こりにくい長所があり、これが日本の組織制度への信頼醸成につながっているのも確かである。一方で、構想の規模にもよるが、中規模の構想を実現しようとする場合、計画を立案し、調整・準備を含めて、結果が出るまでに四、五年の歳月を必要とする。日本の人事制度では同一人が最初から最後まで携わることはほとんどないから、責任の所在が曖昧である。しかも、途中で何人も入れ替わるから、趣旨や目的まで変わってしまうことも珍しくない。こうした中で育ってきた官僚や軍人に、長期的な展望や戦略を求めるのは酷というもので、彼らの中から首相や大臣が出てくることによるマイナス面も少なくなかった。

二　海南島と対南方作戦

蔣介石の予言通り、日本軍の海南島上陸後から仏領インドシナを有するフランスとの緊張が高まり、ついで、その先にあるマレー半島、蘭領印度、フィリピンを有するイギリス、オランダ、アメリカとの関係がこじれ、ついには太平洋戦争に至った。蔣介石の海南島進攻が転機になるという見方は、あながち間違っていない。南シナ海進出が太平洋戦争に発展するというのは、地政学的な事情からではなく、南シナ海でもアメリカの利害が複雑に絡んでいるゆえに、海南島上陸よって日米対立がさらに深まり、対立の場が南シナ海から太平洋に転移するという意味にちがいない。

これまでの日中戦争は中国固有の領土における戦闘であり、たまたま、中国領内にいた米英の軍艦を誤爆して外交問題になることがあっても、日本側が謝罪し賠償金を支払えば解決できた。これに対して、日本軍の海南島上陸は、中国固有領土への侵攻であるとはいえ、英蘭仏等の植民地経営と深く関係していた南シナ海への進出であり、これまでのような中国だけとの戦争から、一歩も二歩も危険な領域に踏み込む戦争に発展しかねないことを自覚しなければならなかった。

地政学的にいえば、海南島は英蘭仏米等の植民地圏の一隅を占めるだけでなく、植民地経済の中で重要な役割を演じている華僑にとって中国本土との接点でもあって、南シナ海の戦略的・経済的拠点になる可能性を有する島であった。しかし、北方に目が行きがちな中国政治の下では、蔣介石の見解と違ってこの島の高い軍事的価値が見出されることはなく、中国がはじめて理解したのは、日本軍の同島占領と同島を拠点とする南シナ海経略がはじまってからではないだろうか。

吉崎が作戦開始前に海南島近くを視察し、台北で海南島と周囲の地域の経済的可能性を力説したのが功を奏したのか、占領後、海軍省から海南島での商業活動は三井物産が一手に引き受けてやってもらいたい旨の要請があり、さらに、海南島での経済活動は「一業一社主義」の方針で行くと告げられた。三井物産は鉄鉱山の開発に力を入れたが、期待していたボーキサイトの採掘では見るべき成果がなく、海軍を失望させた。

海南島攻略は三亜港占領を以て事実上完了した。海南島で最大の都市は、中国大陸の雷州半島とを往き来する連絡船で結ばれる海口であったが、二番目が海口と正反対の位置にあり、南シナ海に正面を向けていた三亜であった。南シナ海を睨む軍事拠点にふさわしい位置にあり、同地を基地にすれば南シナ海だけでなく、タイ、ビルマ方面へも軍事的圧力をかけられることが期待され、日本が掲げる大東亜共栄圏建設の実現にとって格好の位置にあった。占領後、南シナ海の各方向に進攻する際にも、三亜は艦船及び地上部隊の集結、軍需物資の集積に好都合であることから、日本軍の作戦拠点として大いに重視された。

幾つかある援蒋ルートのうち、仏領インドシナ（仏印）ルートが最もよく利用され、日本軍の強い抗議を受けた仏印当局は、一九三八（昭和十三）年十月末、このルートを使う対中貿易を禁止せざるをえなくなった。しかしながら密輸の横行がやまず、日本軍は国境封鎖及び監視団の派遣等を要請したが、フランス側の拒否にあい実現しなかった。

一九三九（昭和十四）年二月の日本軍の海南島占領、十一月の仏印と中国の国境に近い南寧の占領を材料に、十二月に参謀本部第二部長土橋勇逸少将がハノイを訪問し、援蒋ルート禁絶を再三迫り、フランス当局に対する圧力を一段と強めた。だが、フランス側の態度は頑なで、日本側の要請をことごとく拒否したため、日本軍は数度にわたって雲南鉄道に空爆を加え、フランス当局を威嚇した。蒋介石が仏印総督に中国軍派遣を申し出た際にもこれを拒否しているところを見ると、中立政策を掲げて日中の戦争に巻き込まれまいとする考えであったことがわかる。

一九四〇（昭和十五）年五月、ドイツ軍が西部戦線で総攻撃を開始し、仏印情勢にも影響が現れた。日本政府がこの機を捉えてつけ込む形で圧迫したため、仏印政府は改めて中国への武器弾薬・燃料・自動車等の輸出を禁じたが、日本政府はこれだけで満足せず、仏印ルートの完全なる閉鎖と監視員の受け入れを要求した。この要求にフランス政府が折れ、仏印ルート閉鎖を監視する西原機関を派遣することになり、同機関は六月下旬にハノイに到着した。その後も日本側の要求はエスカレートし、八月に日本の外務省から駐日仏大使に軍事的細目要求が提示され、松岡洋右外相とアンリー駐日大使との間で協議が行われた。この結果、八月末、松岡・アンリー協定が締結され、日本軍の北部仏印通過及び駐屯が認められ、九月に南支那方面軍が進駐を開始した。

日本軍が仏領インドシナに進出をはじめると、アメリカは屑鉄、工作機械、石油製品の対日輸出を制限もしくは停止した。日本工業の弱点をことごとく衝いてくるため、日本経済への打撃は大きかった。鉄鉱石から銑鉄を取り出す部門が弱体な日本では、屑鉄から鋼材を生産する手っ取り早い方法を発達させた。工業化を急ぎすぎたツケが、こんな所に現れているのである。また、工業原料でもない工作機械とは、主に航空機エンジンの製造に欠かせない精密工作機械のことで、当時の日本の技術では製造が困難であった。昭和十年代前半、需要の八〜九割をアメリカからの輸入に頼ってきたが、その危険性に気づいてドイツからの輸入に転換しようとしたところで大戦が勃発し、目論見は失敗した。

工作機械は旧式でも工夫次第でしばらくはしのげたが、工夫する方法もなかったのが石油である。アメリカに代わる新たな供給先として蘭印（オランダ領インド、現インドネシア）に目をつけ、その他の資源の獲得を求めて英領マレーとを合わせて軍事的圧力をかけると、最大の投資国として保護者的立場にあったアメリカが反発し、日米関係が一段と悪化した。日本に対する経済的締めつけが国内・国外世論から非難されないことを知っていたアメリカ政府は、経済制裁を最大限に活用し、一方、インドシナ方面で積極攻勢を中止すれば、これまでの政策が破綻するしかないと悟っていた日本政府も、方針を転換するわけにはいかなかった。

英領マレー及び蘭印を獲得して資源の自給体制の確立を目指す日本は、その手前にある南部仏印への進出を目論んだ。英領マレー及び蘭印へ進攻するには、南部仏印を拠点にする必要があり、南部仏印への進出はマレー・蘭印に対する進攻作戦が迫っていることを意味した。北部仏印進駐は援蔣ルート遮断が理由であったが、南部仏印進駐は英領マレー及び蘭印方面進攻を目指す拠点の確保に変わった。わずかな間に日米関係が一層悪化したため、日本国内の石油事情が逼迫し、各種工業の原材料不足も深刻化した。

南部仏印から英領マレー及び蘭印への進攻を、参謀本部では「対南方施策」とか「対南方武力行使」と呼んだが、文書の中には「対南方戦争」と記したものもある。本書では、「対南方作戦」もしくは「南方作戦」と表すことにする。参謀本部や軍令部では、南方への軍事行動によって「対南方武力行使即対米開戦なり」という見方が支配的で、南部仏印進出によってはじまる対南方作戦は、アメリカとの戦争になることを覚悟しなければならなかった。

一九四一（昭和十六）年七月二十五日、大本営は陸軍第二五軍と海軍支那方面艦隊に南部仏印進駐を命令した。派遣部隊は海南島の三亜に集結し、一部は近くで上陸演習をしたのち、二十四日までに乗船を完了して二十五日に出航、二十八日にサイゴン、ナトラン等に到着すると直ちに進駐を開始した。すでに日本政府は仏印政府に進駐を受諾させ、日・仏印共同防衛取決をまとめていたこともあって、順調に作戦は進められた。

この軍事行動では、三亜が出撃部隊の集結地になり、軍需物資の集積場となり、申し分なくその役割を果たした。三亜に集結した陸軍第二五軍の一部の兵力は、歩兵三個連隊、戦車・高射・鉄道・野砲兵・工兵各一個連隊等を合わせて三〜四万人といわれ、湾内には輸送船三十九隻が集結した。短期間にせよ、これだけの兵力を収容する能力が準備されていたわけで、今後の南進作戦でも、三亜が果たす役割に大きな期待が寄せられるのも当然であった。

海南島占領の当時には、同島及び周囲にはまだ飛行場がなく、上陸成功後、海口に航空基地（第七基地）の建設工事に着手し、滑走路が三本、付属施設も充実した大きな飛行場が一九四一（昭和十六）年三月末までに完成した。直ちに海軍一四航空隊の陸攻隊が進出し、四月に、同陸攻隊が雲南省昆明の飛行場を爆撃し、中国空軍に壊滅的打撃を与えている。海口の航空基地と前後して三亜の西方に当たる黄流にも、長さ一五〇〇メートルの滑走路を二本持つ飛行場が設置され、海口飛行場ほどではなかったが大型に属す規模であった。さらに雷州半島の西方、北海市の南方のトンキン湾に位置する濶洲島にも飛行場が建設され、第十一基地と呼ばれ、同じ海軍第一四航空隊の艦載機が進出した。三亜に建設された飛行場は、長さ一二〇〇メートルの滑走路二本であったが、附属施設は黄流飛行場を上回る規模で、配備の兵も千人を超えていた。南部仏印進駐の際に、第一航空部隊の陸攻隊が三亜基地を出撃したと記録に見える最前線の基地であった。

なお、前引した一九四二（昭和十七）年十一月作製の「航空基地一覧」によれば、海口・黄流・三亜の三飛行場は練習航空隊の部に入っている。南部仏印進駐、対南方作戦の時期には最前線かそれに準ずる扱いであったものが、最前線がビルマ方面、あるいはニューギニア方面に移ると、パイロット養成を目的とした後方支援の役割を担う飛行場に変わったものと思われる。

このような海南島の役割強化、施設の充実や通過部隊の増加に伴い、一九三九（昭和十四）年十一月に、三亜に設置された海軍海南島根拠地隊は、一九四一年四月に海南警備府に昇格した。太平洋戦争の開戦から敗戦までの期間に本土以外に存在した警備府は、馬公～高雄警備府、鎮海警備府と海南警備府しかなく、海南警備府が重視されていた一端がうかがわれる。

警備府司令長官は中将職、経理・人事・軍需・港湾・警備等の軍政を所掌し、隷下の艦艇部隊が湾内の警備に当たるので、本土の鎮守府の任務と大きな違いはない。実際に敵潜水艦の行動を阻止するため三亜港外に七五〇個の機雷を敷設したり、輸送船団の護衛に当たったりしたほか、対潜掃討・敵性船舶の監視・通信中継等にも従事し、鎮守府と変わるところがなかった。

南部仏印進駐は、南シナ海進出なくしては実現できなかったが、次に続く対南方作戦はそれより規模が遙かに大きく、それだけに南シナ海を敵の脅威から守ることは、さらに大きな意味を持っていた。南シナ海の支配は準戦時の非常時だからこそ実現できたのであり、どうしても成功させねばならない作戦計画の実施のために強引に行われたが、平時であれば関係国や世界から厳しい非難を受けるところであった。

日本軍の南シナ海支配は、海南島、わけても三亜の拠点機能を最大限活用することで実現した。これらは一つのセットとして理解すべきであろう。作戦が開始される際の三亜には、大急ぎで建設された輸送船団が集結する港湾施設があり、軍需物資の倉庫や兵員の休養施設・病院等があり、南シナ海に航空援護を広げることができる航空基地も整備中であった。海南島、三亜、南シナ海を世界の表舞台に押し上げたのは日本軍の功績であったといえようか。

南部仏印進駐に対して、アメリカが対日開戦に踏み切らないとしても、最悪の関係になることを日本側も予想していた。七月二十日には在米日本資産凍結令が公布され、八月一日には対日石油禁輸が発動された。凍結令は、日本が在米の銀行からお金を引き出せなくさせる処置で、銀行との取引ができなくなり、石油を確保しても代金の支払いができなくなることを意味した。七月二十一日の米政府の最終案は、石油・綿等の輸出を厳重に限定し、対価は同量の絹の輸入で相殺するとしているので、全面的輸出停止ではないが事実上は同じであった。

米政府内の議論に、日米両国にとってマレー半島・蘭印が持つ価値を比較して、アメリカがこの地域を失うとゴム・錫等の輸入が困難になり、他方、日本が占領できないと石油・ゴム・錫・ボーキサイト等の輸入が困難になり、国内経済に対する影響は日本の方が深刻になる。このため、日本をしてマレー半島・蘭印から原材料を入手困難な状態にしておく方が得策であるという見解があったといわれる。アメリカからだけでなく、マレー半島・蘭印からも原材料が入手できなくなると、日本は衰弱して野垂れ死にするか自爆するよりほかないと読んでいたようだ。

南部仏印への進駐によって米英との戦争に発展すると覚悟していた日本軍は、進駐が無事に行われたために多少の余裕ができた。続いて、マレー半島及び蘭印への進攻作戦に向けた準備に取り掛かり、南シナ海支配と海南島三亜の強化策によって、艦隊の行動だけでなく、輸送船の通航も安全になった。マレー半島・蘭印だけでなく、タイ及びビルマ方面を視野に入れた進攻作戦を行う態勢を着々と築いてきた日本軍の努力は、珍しく石橋を叩きながらの手堅い準備という見方ができるほど、念には念を入れたものであった。しかし、米英との関係悪化という大きな代償を払いながらの準備であり、それだけに失敗は許されなかった。

日本軍は台湾・海南島・南部仏印への軍需品の事前集積を急ぎ、十一月までに計画に近い分量が集積された。集積地と供給先の関係は概ね次の通りであった。この中、高雄には最大の六個師団分の軍需品が集積され、三亜には三個師団分の集積があったと見られている。

台湾高雄　→　ジャワ作戦を行う第一四軍・第一六軍所要
サイゴン・カムラン湾・サンジャック→　タイ・ビルマ方面作戦の南方軍隷下部隊所要
海南島三亜　→　マレー作戦を行う第二五軍所要

南シナ海の安全航行に自信が持てたにしても、航空機基地は海南島と灡洲島にあるだけで、敵航空機による攻撃の脅威を完全に払拭できたわけではなかったし、蘭印、マレー半島、ビルマに近づけばさらにその危険が増すことは避けられない。作戦上、南シナ海を航行する輸送船団の空からの援護、蘭印やマレー半島に上陸する味方に対する航空援護、英蘭軍に対する航空攻撃がどうしても必要であり、そのためには、北部・南部仏印に航空部隊を展開させなければならなかった。

既存の飛行場を利用するのは当然だが、それが日本の要望通りの位置にあるとは限らないから、場合によっては新たに工事を起こさなければならない。一九四一（昭和十六）年七月二十九日にフランスのビシーで調印された日仏間議定書の附属文書には、シェアレム、ツーラン、ナトラン、ビエンホア等、計八ヶ所の航空基地の使用権限が日本側に与えられることが明記されている。一方、南部仏印に進駐した陸軍第二五軍の調査により、重爆機の滑走路が少ないことがわかり、既存飛行場二ヶ所の拡張、二ヶ所の新飛行場の建設に取り掛かることが決まった。また、航続距離の短い陸軍の戦闘機では、南部仏印からマレー半島までの往復が困難であることがわかり、フランス側の了解を得ぬままフーコック島に二ヶ所の飛行場を建設することに決して、秘かに取り掛かった。このように交渉の対象にならない飛行場も若干数あった。

海軍はサイゴンに南遣艦隊の司令部を置いたが、地上部隊を伴っていなかったため、海軍用飛行場を含めた建設及び改修工事はすべて陸軍が行った。最初は第二五軍の諸部隊が作業を進め、十一月半ば以降、サイゴンに戦闘司令所を置いた陸軍第三飛行集団が引継ぎ、十四ヶ所の工事を次々に完成させた。その間、陸海軍間で話し合いが行われ、陸海軍が作戦実施に使用する飛行場について、次のように取り決められた。なお、陸海軍共用飛行場の中には、海軍が海南島で建設していた三ヶ所の飛行場も含まれている。

陸軍主要飛行場………ハノイ、ハイフォン、タケオ、コンポントラッシュ、コンポンクーナン、クラコール、シェムレア

海軍主要飛行場………ツドウム、ソクトラン、ビエンホア

陸海軍共用飛行場……海口、三亜、黄流、ツーラン、ナトラン、サイゴン

「戦史叢書」の飛行場配置図には、プノンペンに建設した飛行場は含まれていないし、フーコック島には二ヶ所の飛行場を設けたはずだが見えない。海南島から南部仏領インドシナにかけて、合わせて十八ヶ所の飛行場から成る航空網が形成され、南シナ海における日本の制空権が確立し、南シナ海支配が実現した。これに伴い、いつでもシャム湾からマレー半島に至る海域での作戦行動が可能になった。

仏領インドシナに進出した陸軍第三飛行集団は、菅原道大中将に率いられ、左表の飛行場に各航空隊が進出した。

飛行場	進出した航空隊
コンポントラッシュ	第三飛行団飛行第五九戦隊（戦闘）・第七五戦隊（軽爆）・第九〇戦隊（軽爆） 第一二飛行団飛行第一戦隊（戦闘） 直轄第一五独立飛行隊（司偵）
コンポンクーナン	第三飛行団飛行第二七戦隊（襲撃）
フーコック島ゾンド	第七飛行団飛行第六四戦隊（戦闘）
フーコック島クーカン	第一二飛行団飛行第一一戦隊（戦闘）
プノンペン	第七飛行団飛行第一二戦隊（重爆）・第六〇戦隊（重爆） 直轄飛行第八一戦隊（司偵）
サイゴン	第七飛行団飛行第九八戦隊（重爆）
クラコール	第一〇飛行団独立飛行第七中隊（司偵）・第六二戦隊（重爆）
シェムレア	第一〇飛行団飛行第三一戦隊（軽爆）

また、海軍航空部隊は、第二二航空戦隊（元山・美幌航空隊で編成）、第二一航空戦隊（鹿屋航空隊半数）、第二三航空戦隊（高雄航空隊・台南航空隊の戦闘機隊で編成）の三隊で、海軍用飛行場に配置された部隊は次のようになる。

飛行場	進出した航空隊
サイゴン	第二二航空戦隊元山航空隊、台南航空隊派遣戦闘機隊
ツドウム	第二二航空戦隊美幌航空隊、第二一航空戦隊鹿屋航空隊
ソクトラン	台南航空隊派遣戦闘機隊（戦闘）・（陸偵）

飛行場建設が進んだところで陸海軍の使用する飛行場を取り決めたが、開戦時に飛行部隊を置かなかった飛行場は、各航空部隊の希望や事情に応じて不時着用、あるいは前進基地用として使用することにしたと見られる。このような陸海軍間でのきめ細かな調整は、従来の作戦では見られなかった現象である。陸海軍の航空機は陸上、海上を区別なく飛行し、どちらの飛行場も利用できた。陸戦・海戦のどちらでも大きな威力を発揮する航空機にとって、陸軍・海軍別に使用を制限するのは障碍ですらあった。航空機の発展は、新しい時代の軍組織や制度を求めはじめていたのである。

海軍は一五九機を展開したが、陸軍の配置数は明かでない。しかし、部隊数が海軍の三倍を超えていたことから見て、少なく見積もっても倍の三百機以上を配置したのではないかと推定される。おそらく

第二五軍先遣兵団進攻航路（計画）
インドシナ・海南島・タイ・マレー等の飛行場配置

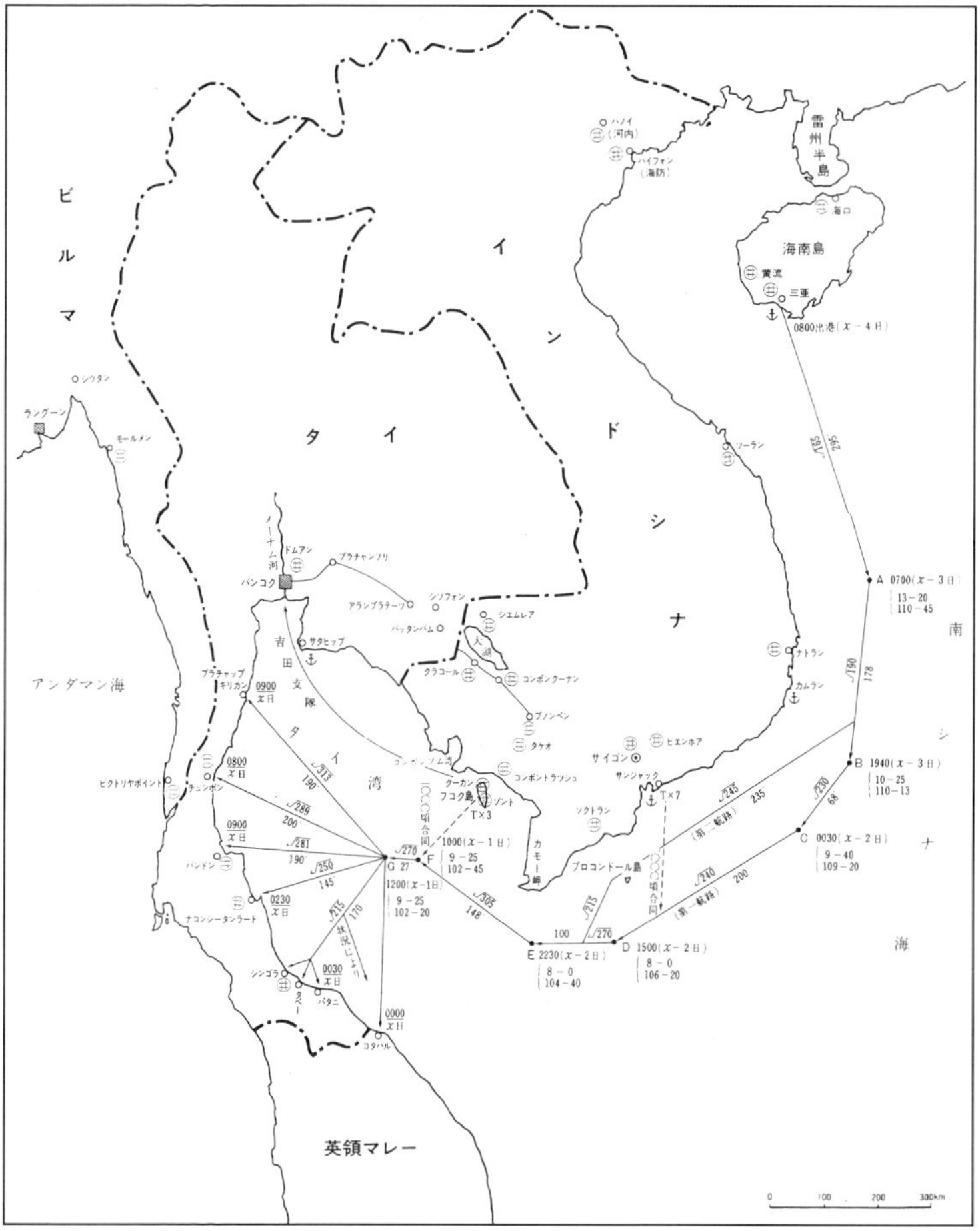

出典：『戦史叢書　マレー侵攻作戦』附図

当時、投入可能な航空隊をすべて集めたに違いない。対南方作戦は、日本軍にしては過去に例を見ないほど十分な時間と労力をつぎ込んで周到な準備を行い、失敗する要素が見当たらないほどの態勢を整えた作戦であったことがわかる。

中国国境を越えて南下すると、フランス、イギリス、オランダ等の東南アジア植民地圏に入るが、前述のようにアメリカ資本が大きな力を持っていた。第一次世界大戦前後、アメリカ国内では中産階級が台頭し、郊外型生活圏の拡大とともに生活スタイルが変わり、自動車や電気製品、缶詰食品が普及した。これに対応してアメリカ資本は東南アジア地域のゴム園の経営、錫鉱山の開発、石油の採掘に積極的に投資するようになり、アメリカにとって東南アジアは経済面で重要な地域になっていた。アメリカがイギリスとは特別な関係にあったことはいうまでもないが、フランスやオランダとも人種的親近感を持っていた上に、密接不可分な資本関係を有するようになっていた。

中国大陸の戦争をそのままにして、新たにアメリカとの間でも戦争をはじめるのは、誰が考えても尋常ではない。日本に有り余る国力があり、アメリカが弱小国であれば別の話だが、現実はそのいずれでもなかった。アメリカは最強国家と目され、片手間どころか全力で戦っても倒せる見込みが立たない相手であることは、国際情勢に関心がある者であれば誰でも分っていた。最低でも、一つの仕事をやり終えてから次の仕事に取り掛かるのが常識というものである。でなければ〝二兎を追う者は一兎をも得ず〟の諺通りになる恐れが大である。ところが、今のままだと石油が枯渇し、海軍の軍艦が動かなくなってしまうので、中国大陸での戦争をそのままにして、アメリカを叩きながら南方資源地帯を奪取する短期の対南方作戦を敢行し、石油を確保してしまおうというのである。

このため、中国戦線で砲火を交えている最中の部隊に台湾・海南島移動が命ぜられ、満洲に軍需物資を届けに行った輸送船に、荷物を降ろす間もなく台湾・海南島・その他に急行するように指令が発せられた。四百隻に達する輸送船が対南方作戦のために大急ぎで指示された目的地へと急行したが、作戦決行日に辛うじて間に合う船が少なくなかった。これが中国と戦いながら新たな戦争を始める際に起こった現象であり、一つの戦争にもう一つの戦争を加える困難が早くも顔を出していた。

ここでは、第二五軍の輸送作戦を取り上げる。第二五軍の作戦に従事するため、三亜に集結命令を受けた輸送船は十六隻であった。その他に、マレー半島に上陸する佗美支隊用の三隻もあった。十六隻は一九四一（昭和十六）年十二月四日早朝に出航予定となっており、軍需物資積込の日数を計算して十一月末までに三亜に着くよう命じられた。佗美支隊用の三隻は十二月に入って三亜に到着、二日に着いた一隻は、人員は載せたが軍需物資の全量を積み込む時間がなかった。集結の詳しい模様は、左表の通りである。

三亜到着日	到着隻数（到着船名）
十一月二十五日	一隻（香椎丸）
〃　二十七日	三隻（東山丸、九州丸、青葉山丸）
〃　二十八日	八隻（相模丸、金華山丸、佐渡丸、宏川丸、龍城丸、鬼怒川丸、関西丸、那古丸）
〃　二十九日	二隻（浅香山丸、笹子丸）

〃	三十日	二隻（阿蘇丸、熱田山丸）
十二月	一日	二隻（綾戸山丸、淡路山丸）
〃	二日	一隻（佐倉丸）

輸送船団を護衛する南遣艦隊の諸艦も十一月二十六日までに三亜に集結を終え、さらに、出航前日の十二月三日には、佐世保の第五潜水戦隊が到着している。南遣艦隊は重巡洋艦五、軽巡洋艦二、駆逐艦十六、潜水艦八から編成され、三亜は岸壁から沖合まで日本の艦艇、輸送船でいっぱいになったと想像される。

合わせて十九隻の輸送船は、内地の各港、大連、広東、台湾等から大急ぎで駆けつけた。すでにある程度の携行軍需品を搭載してきたが、急いでいたため、三亜で乗り組んでくる上陸部隊が必要としない物資まで積み込んでいる船が少なくなかった。しかし、積み換え時間がなかっただけでなく、建設途上の三亜には、まだこれだけの大船団に対応する港湾施設がなく、やむなく不必要な荷物を積んだまま出航している。

四国から来た宇野支隊については、十一月二十七日〜二十九日にかけてサイゴンに近いサンジャック沖で輸送船に乗り込んだが、三亜港にかける負担を減らすために乗船地を変えたと見られる。三隻をシャム湾に面するフーコック島に先行させ、また、山浦丸、浄宝縷丸、伏見丸、良洋丸、工作船東宝丸の五隻は、三亜から来る輸送船団を待ち、合流してから指定地点に向かうことにした。新旧混ぜ合わせた輸送船団は、船の速力に大きな差があるので、こうした処置も必要であった。

十二月四日午前七時半、第二五軍先遣部隊を載せた輸送船十六隻、病院船一隻の輸送船団が三亜港を出港した。船団は四グループに分かれ、第一・二グループは第五師団右翼隊を載せてマレー半島タイ領シンゴラを目指し、第三グループは第五師団左翼隊を載せてシンゴラの南のパタニを目指し、第四グループは佗美支隊を載せてマレーシアのコタバルを目指した。

真珠湾攻撃と同時に、マレー半島上陸作戦も開始された。日本軍の上陸作戦には決まりがあり、海浜・沿海一帯は陸軍の担当で、そのため海軍の艦艇による援護用の艦砲射撃はなく、上陸部隊は敵に見つからないように月明りのない深夜にひそかに上陸するので、よく上陸地点を間違えた。これも統帥権体制に原因がある。この夜は、荒天にも関わらず無事に上陸し前進を開始したが、気懸かりはシンガポール停泊中の英東洋艦隊の動向であった。まだ戦艦中心の艦隊に航空隊が勝った戦例がない時期だから、日本側に制空権があっても不安は大きかった。

英艦隊は八日午後七時にシンガポールを出港し、十日にマレー半島タイ領シンゴラに上陸中の日本軍を攻撃するために北上中であった。十日午後、途中で引き返すところを日本軍に発見され、ツドウム飛行場を飛び立った美幌、鹿屋の航空隊、サイゴン飛行場の元山、台南の航空隊による波状攻撃を受けて、主力艦の「プリンス・オブ・ウェールス」、「レパルス」を失った。航空機だけで戦艦を撃沈した史上最初の事例になり、その後の戦闘形態に与えた影響は甚大であった。

仏領インドシナに形成された飛行場網と航空隊の展開が南シナ海の確保に如何に重要か、緒戦の勝利が証明した。蘭印、マレー半島での戦いが一段落し、陸軍航空隊は残ったが、海軍航空隊の大半は太平洋方面へと移動し、哨戒活動を行う航空隊だけが居残って活動を続けた。

第四章

対米戦争におけるニューギニア・ソロモン方面の島嶼戦

一　オーストラリア進攻への布石

海軍機動部隊のハワイ真珠湾攻撃が、アメリカが対日宣戦を発する直接の原因であることは誰でも知っている。日本から見てアメリカは東方に位置しているから、アメリカとの戦闘が、東方にあるハワイやグアム、ウェーキ、ミッドウェー等に広がっていくことは理解できる。だが、開戦翌年の一九四二（昭和十七）年になると、戦闘の中心は日本のほぼ南方に移り、米本土とは方向が大きく違う珊瑚海、ソロモン諸島沖で日米の機動部隊、基地航空隊が激しい海空戦を交えるようになった。

開戦直後から、前述のように米陸海軍では日本本土のほか、アジア各地まで航空機で爆撃する目標のリストづくりが進められ、航空機によって日本の戦争継続能力を破壊する計画が準備された。B29が登場する以前であるにも関わらず、すでに航空機で日本に爆撃を加えることが構想されていたわけである。これに対して日本軍内では米本土爆撃計画が立案されたことがなく、したがって、米本土の攻撃目標を選定する作業などあるはずもなかった。そうなると、米本土を討たないでどのように勝利を得るつもりでいたのか、アメリカが降伏するのはどのような戦況になったときかという疑問が出てくる。筆者が長い間考えてきてわからないのが、この問題である。

連合艦隊が米本土をうかがうかといえば、米艦隊を追跡して東方に向かうことはあっても、米本土を攻撃しようとは考えなかった。機動艦隊はインド洋にも行ったが、米本土と方角が異なる太平洋の南西方面（日本海軍は南東方面と呼ぶ）で活動することが多かった。こうした行動の一因は、一九四一（昭和十六）年十一月五日に裁可された「対米英蘭戦争帝国海軍作戦計画」に盛り込まれた進攻目標にあった。

開戦初頭……陸軍と協同して菲律賓《フィリピン》、瓦無島《グアム》、香港英領馬来、英領「ボルネオ」、蘭領印度、「ビスマーク」諸島竝に緬甸《ビルマ》の要地を攻略又は占領す

南方資源地帯を攻略して戦争に必要な資源を獲得する目標を達成し、なおかつ日本軍が占領する資源地帯を取り返しに来る米英軍を阻止する「対米英蘭戦争帝国海軍作戦計画」の趣旨に沿えば、海軍が南西方面で行動していても何ら矛盾はない。

しかし、この作戦計画では、日本が南方資源地帯とその周囲一帯を占領するのみで、肝心のアメリカを叩いて弱体化させるか打倒するかという視点からの作戦がまったく盛り込まれていない。米艦隊を邀撃するのが連合艦隊の最大の使命として、その延長として連合艦隊が米本土攻撃をやることになるであろうとでも暗々裏に思い込んでいたのだろうか。しかし、連合艦隊はそのような任務があるとは思っていなかったし、実際に米本土攻撃を検討したこともなかった。それならば、海軍の作戦全般を統轄する軍令部は、何を考えていたのだろうか。

軍令部における作戦計画の立案を指導した富岡は、秘かに彼が考える米軍の反攻作戦を封ずる奥の手を右の作戦計画の中にこっそりとすべり込ませた。奥の手とは、対南方作戦の攻略目標として、主目標であるマレー半島及び蘭領インドとこれに隣接する要地の中に、何気なくグアム島とビスマーク諸島を

組み入れたことである。マレー半島上陸作戦と蘭印進攻作戦の計画の中に、あたかもその一環のようにグアム島とビスマーク諸島が並んでいるのを見てほしい。

グアム島とビスマーク諸島（ニューギニア及び周辺）は、日本から見ればマレー半島や蘭領インドと同じ南方かもしれないが、グアム島は小笠原諸島の南方のマリアナ諸島の一島であり、ビスマーク諸島は、緒戦で目指す東南アジアの経済の中心地シンガポールから見ると、四千キロ以上も東方に離れたオセアニアに位置し、厳密にいえば東南アジアではない。

手が込んでいると思われるのは、グアム島を攻略したのちビスマーク諸島進攻に移ることにしていたので、二つはセットの作戦なのだが、右の作戦計画ではさも別々の目標であるかのように、二つをわざわざ離して置いている。一万人にも満たない一個旅団規模の陸軍部隊と少数の艦艇だけでやる計画であったので、他への影響が少ないことがさいわいし、誰からも文句が出なかった。あとになって、この作戦計画から、おびただしい犠牲者を出すニューギニア戦やガダルカナル戦が飛び出してくるなど予想する者は誰一人としていなかった。

南方資源地帯への進攻作戦計画の中に、方角違いの作戦計画を忍び込ませたのは、富岡が率いる軍令部作戦課以外に考えられない。各部課の意向を聞いて作戦案をまとめるのが作戦課の仕事であり、文案に忍び込ませることはそれほど難しくなかったのであろう。この方面の重要性を理解していたのが富岡等以外に見当たらず、その上、作戦案を文章化するのが彼らであったことを勘案すれば、どうしてもこのような推論になる。

この作戦のために、四国善通寺にある陸軍第一一師団から一個旅団規模の南海支隊を出してもらい、第四艦隊と一緒に作戦することが決まった。一九四一（昭和十六）年十二月八日、真珠湾空襲が開始されるほぼ同じ時刻にグアム島攻撃を開始し、二日後の十日までに同島占領を完了した。ついで、グアム島をほぼまっすぐ二千キロほど南下したビスマーク（以降、ビスマルク）諸島の攻略作戦のため、南海支隊は連合艦隊の一大前進根拠地であるトラック島に移動して待機した。

南海支隊は一九四二（昭和十七）年一月二十日に出撃し、二十二日深夜、上陸作戦を行い、翌日、ニューブリテン島の中心地であるラバウルと、隣にあるニューアイルランド島の中心であるカビエンの占領に成功した。この作戦計画を生み出した富岡の構想、そして、作戦の目的が何であったのか、これから肝心なことを述べていくことにしたい。

日本人の多くは、連合艦隊司令長官であった山本五十六の考えに基づいてアメリカとの戦いが行われてきたと信じている。それでは軍令部は不必要な機関になってしまう。作戦構想をまとめるのは軍令部作戦課の仕事であり、課長であった富岡が担ってきた作戦立案作業に目を向けなくては大きな片手落ちになる。山本と富岡の構想が一致していれば、絶大な名声を誇る山本の名で語るのがよいのかもしれない。しかし、二人の考えは大きく違っていたというより、軍令部と連合艦隊の考えが大きくかけ離れていたというべきであろう。

よく陸軍と比較する意味で、海軍の組織は一枚岩であったと強調されるが、軍令部だけでなく連合艦隊も作戦構想を立てると、海軍内に作戦をめぐる二重構造ができてしまう。これは極めて危険な構造であることはいうまでもない。連合艦隊を常設化して組織が大きくなり、主力艦のほとんどを擁するようになれば、このような事態が生ずることは予想されないではなかった。大演習の期間のみ、第一艦隊司令長官が兼務する連合艦隊司令長官であれば、自ら作戦構想を発議するようなことはなかったと思われるが、常設機関の司令長官に変わり、山本のようなアイデア豊かで指導力もある人物が長官に就任し、軍令部と連合艦隊の力関係が微妙になると、二重構造といわれる現象が生じる。このため、太平洋戦争における海軍は、不幸なことに連合艦隊と軍令部作戦課の異なる作戦構想がぶつかり合いながらアメリカとの戦いが行われた。

「対米英蘭戦争帝国海軍作戦計画」に東南アジアに属さないグアム島、ラバウルで有名なビスマルク諸島を挟み込んだのは富岡の軍令部作戦課であったことは前述した。開戦初頭、海軍はニューブリテン島の中心であるラバウルとニューアイルランド島のカビエンを目指したが、ビスマルク諸島といいながら、ラバウルとカビエンを選んで攻略したのは慧眼というべきであろう。第一次世界大戦後、宗主国がドイツからイギリスに変わり、オーストラリアがイギリスの代行をつとめる形でラバウルを重要拠点にして植民地経営を行った。当然、軍令部はこの実情を調査して知っていたにちがいない。ラバウルはビスマルク諸島の経営にとって格好の地であったが、日本側からいえば、オーストラリアの外壁をなすニューギニアやソロモン諸島に軍事的圧力をかける格好の位置にあった。複数の飛行場設置が可能であり、湾内は艦船・輸送船の碇泊や人員・荷物の陸揚げにも適し、郊外の平坦地は部隊の集結地・物資の集積地としても申し分なく、一大後方基地としての条件を備えていた。

グアム島攻略はラバウルを目指す一環であったが、それと同時に、日本領マリアナ諸島の一角に米領が存在するのは日本にとって目障りであり、早期に同島を占領する必要があった。十八、九世紀、スペイン人は、グアム島をメキシコとフィリピンを結ぶ中継地として利用してきたが、その役割はアメリカがスペインからグアム島とフィリピンを奪った後でも変わらなかった。日本軍にしてみればグアム島占領によって米比連携を遮断し、アメリカの反攻作戦を困難にする利点もあったので、真の狙いであるラバウル進攻をカモフラージュできる効果を期待したのかもしれない。

日米戦争の一環とはいえ、ラバウル上陸の報を聞いた日本人で、ラバウルの位置を知る一部の日本人は、なぜそんな南方に行こうとするのか不思議に思ったであろう。ラバウルの背後には、〝人食い人種〟がいる〝文化果つる地〟のイメージで受け止められていたニューギニアがあるだけである。さらに、ニューギニアに進攻するとしたら、赤道直下で高温多湿の気候、ジャングルしか思い浮かばない島に何の軍事的価値があるのか、エリート揃いの海軍省や軍令部でもこうした素朴な疑問が出たにちがいない。海軍内でこの問題が表面化することはなく、戦後まで残った公文書にも、軍令部勤務者の話にも、疑問が出たことをうかがわせる痕跡がない。おそらく検討する機会がないように取り計らいながら、作戦計画案に挿入したのであろう。

作戦会議の席上、計画案に見える「ビスマーク」について、万一質問が出て議論になったら、潔く引っ込めるつもりであったのかもしれない。会議の中で、本命ばかりに出席者の注意が向けられ、異質なものが一つくらい入っていても、会議をすり抜けてしまうことがよくある。「ビスマーク」があっても東南アジアの東端ぐらいに思われ、ついその狙いが見過ごされてしまったのではないかと考えられる。

連合艦隊は、明治以来、敵艦隊を追跡するか、来航するのを待ち構えて海戦を挑み、撃滅するのを使命とし、敵艦隊を捉えてどう戦えばよいか考えてきた。これに対して軍令部作戦課は、戦争の目的と性格を分析して戦いの枠組みを定め、どこでどのような戦いになるのか大まかな輪郭を描き、どのような戦力を派遣し、どこで討てばよいのかを考えていた。つまり軍令部は、世界情勢や全体の戦況を捉え、敵の動きを調べ、何をどこにどれほど集結したらよいか、戦いが起きそうな地域の地理的社会的問題点はないか、勝利と撤収の判断基準をどうするかといったことを検討し、実施を指導する機関であった。換言すると、目前の作戦を立案し、そのための準備に当たる連合艦隊に対して、軍令部は全般と遥か先の戦況を見据えながら、いま取り組むべきことを定め、部隊を動かすところといえようか。

戦後になっても富岡は多くを語ろうとしなかった。戦前、富岡の戦争観なり、作戦指導構想をまとめた記録は見当たらないだけでなく、戦後、第二復員省史実調査部長、史料調査会理事長等の経歴の中で書き残したものや、また、周囲に語った話も意外に少ない。その理由は、戦後まで生き残った自分は幾らでも自己を正当化する主張ができるが、ブーゲンヴィル島で戦死した山本をはじめ戦死者には弁明の機会がない。こうした不公平を潔しとしない性格から、沈黙を守ることにしたのではないかと考えられる。

富岡が、戦後、経営につとめた史料調査会のメンバーに語ったり、備忘のために書き残したと思われる中に、戦況に関する彼の読みが残されている箇所があるので紹介したい。まず、米軍が反攻に出る大勢を予測して、次のように述べている。

アメリカの戦力は、二年たつと厖大なものになる計算だった。（中略）飛行機は十倍になる。艦船も十倍になる。しかし、いくら十倍になっても、米本土や、ハワイにひしめいているかぎり、ひとつも怖くない。ことに飛行機は、それが戦力を十分発揮できるように、基地に展開しなければ、意味はない。この戦場で、格好の展開場所を探すと、太平洋では豪州しかない。（中略）この大きな戦力が、広大な豪州に展開して、ドッと北に突き上げてきたら、ちょっとかなわない。

連合艦隊司令部には見られない予測である。日本海軍伝統の艦隊決戦にこだわる姿勢は微塵もなく、これからは航空戦だけを考慮すればよいといわんばかりである。開戦前から考えていたことが実戦で証明され、何も臆することなく航空戦に焦点を絞って予測する。この点では、井上成美の考えと符合し、両者には摺り合わせの関係があったのではないかと考えてしまうが、それをうかがわせる記録も伝聞もない。

驚かされるのは、航空戦になればオーストラリアの軍事的価値が飛躍的に高まり、米軍は必ずオーストラリアを反撃の跳躍台にすると確信していることである。日本の海軍軍人の中で、米軍の反攻がオーストラリアから起こされることを、しかも、飛行機で行われると予想していた者がいただろうか。戦前の予想の話だから、いくらでも後づけができる。しかし、戦争が終わった今日でも、米軍の反攻について空母機動部隊の動きに焦点を当てる作品や話ばかりで、オーストラリアの飛行場からはじまったことを取り上げ、この方向から太平洋戦争を論ずる者がほとんどいないのが実情である。戦後になってもオーストラリアに焦点を当てた者が富岡以外に誰一人としていないことから見ても、彼は世間の言動などに無関心で、真実にこだわる人であったにちがいない。

もし、開戦前にこの予測と対策の必要性を、海軍内で公表していたらどういうことになっていただろうか。艦隊間の海戦以外に選択肢を持たなかった海軍軍人に一笑に付され、厳しい批判を受けて作戦課長の要職を追い出されるぐらいではすまなかったかもしれない。それがわかっていたから、富岡は議論を避けて沈黙に徹し、何食わぬ顔をして作戦計画に「グアム」「ビスマーク」を挿入した。戦後になっても、元海軍軍人も海軍に強い関心のある世人も艦隊の戦いばかり取り上げる状況は変わらず、話しにくい状況は変わらなかった。

開戦前にニューギニア・ソロモン方面への進攻を企図し、その拠点となるべきラバウル獲得を策した究極の目的は、富岡の言い分に従えば、米軍がオーストラリアを拠点にするのを阻止するためであった。艦隊ばかりに目を向け、基地航空隊の恐るべき戦力を知らなければ思いつかない発想であった。オーストラリアや同国に入った米軍の動向を探るには、ラバウルほど都合のよい位置はなく、万一動きを察知してこれを阻止する場合も、ラバウルの位置は好都合であった。

海軍には、航空部隊に空母部隊と地上の飛行場を使う基地航空隊の二つがあり、富岡らが注目していたのは基地航空隊の方であった。空母機動部隊の航空戦力は空母の大きさや艦艇特有の制約を受けるが、基地航空隊も飛行場の規模や位置にともなう制約など問題が少なくない。だが、飛行機が幾ら大きくても、幾ら多くても、飛行場を拡張するだけで受け入れ可能であり、補給さえ続けば何ヶ月でも何年でも作戦を継続することができた。したがって、航空消耗戦は制約の大きい空母機動部隊よりも、大型機が無制限に出撃可能な基地航空隊によってもたらされる方がはるかに大きい。

井上成美は、『新軍備計画論』の中で航空機や潜水艦の異常な発達に着目し、「帝国が米国と交戦する場合、（中略）旧時代の海戦の思想のみを以ては、何事も之を律するを得ざる」と、「既存の思想」という表現で伝統的艦隊決戦論を批判し、新しい変化に対応できるようにならなければならないと警告している。

航空機と潜水艦の活躍に依り、米の主力艦の如きは西太平洋に出現するを得ず、艦隊決戦の如きは、米艦隊長官が非常に無知無謀ならざる限り、生起の公算なし

と、航空機と潜水艦の時代において、最早、艦隊決戦が起こることはないと断言する。井上は米艦隊長官がバカでない限り艦隊決戦は起こらないとしているが、本当に言いたかったのは、「日本艦隊長官がバカでない限り」であり、彼らしいブラックユーモアと言ってよいだろう。

井上によれば、日米戦争がはじまった場合、どのような戦いになるのかといえば、「帝国は西太平洋に在る米国の領土を攻略する事は対米戦の主要作戦なり」と、アメリカがフィリピンをはじめ、西太平洋に有する領土を攻略しながら前進する戦い、すなわち領土攻略戦になると予想する。非常に的確な予想で、場所を具体的に指し示してはいないが、基本的には富岡の構想と合致している。

井上も富岡も、海軍の戦いは多様化しつつあり、敵艦隊を撃破することしか想定しない連合艦隊は、歴史的使命を終えたと考えていたのかもしれない。だが、ほとんどの海軍軍人は、戦争は艦隊がするものだと信じ込む〝艦隊派〟ばかりであったから、井上の慧眼は無視され、それがわかっていた富岡も無益な議論を避けた。

日米の艦隊決戦を、海大で行う兵棋演習で試すと、決まって米軍勝利という結果になった。これを打開するため、米艦隊が東航する間に潜水艦の魚雷攻撃及び航空攻撃を加えて戦力を弱体化させる漸減論

が導入されたが、このお陰で大型機で編成される基地航空隊が海軍に設置された。海軍が大型機を保有し、基地航空隊を有するのは世界的に見て珍しいが、この珍しい海軍の基地航空隊を活用した新たな戦術論を追求したのが井上であり、富岡ということになろう。このため日本では、海軍に空母艦載の航空隊と基地航空隊が成立し、前者は艦隊戦を、後者は島嶼戦をそれぞれ担う態勢が出来上がった。一九四三（昭和十八）年四月頃から陸軍航空隊が島嶼戦に加わったが、その結末は後述する。

一方、アメリカでは、マッカーサー麾下の連合軍南西太平洋軍が島伝いに北上する反攻作戦と、ニミッツ麾下の米太平洋軍が中部太平洋方面から日本本土を目指す反攻作戦の二つの異なる進攻線が形成された。マッカーサー軍は陸軍航空隊を主力とし、ニミッツ軍は海軍の空母艦載機の航空隊を主力とした。つまり、海軍航空隊が艦隊戦を、陸軍航空隊が島嶼戦を分担したわけで、日本軍よりずっと効率的な体制になった。

マッカーサーは、オーストラリアを足場に一九四二（昭和十七）年夏から翌一九四三（昭和十八）年春にかけて日本軍の進撃を阻止し、基地航空隊の航空消耗戦に勝って連合軍優勢の流れをつくった。この時期は、アメリカの航空母艦保有が底をつき、一年数ヶ月もの間、機動部隊は逼塞して戦力恢復につとめていた頃で、マッカーサーが一身に日本との戦いを引き受けた形になった。

日本海軍の指導者たちは、連合軍が米豪陸軍と基地航空隊を押し立てて、太平洋の南西方面の島伝いに北上する島嶼戦をやるとはまったく予想しなかった。こうした戦いを見抜いたのが井上であり富岡であったわけだが、海軍が陸軍主体の米軍及びその航空隊と干戈を交えることになろうとは夢にも思わなかった。それまでの軍人は、陸軍は敵の陸軍と、海軍は敵の海軍と戦うこと以外は考えず、陸軍士官学校・陸大では陸戦の、海軍兵学校・海大では海戦の教育を行ったが、こうした紋切型の教育が役に立たなくなっていたことをうかがわせる。

アメリカでも日本軍と島嶼戦をやり合うとは思わなかったし、陸軍が主体になるとは想像もしていなかった。マッカーサーがフィリピンからオーストラリアに脱出し、ここで連合軍南西太平洋軍司令官となり、僅かなオーストラリア軍と米陸軍を率いて日本軍と戦いをはじめたという偶然が重なって島嶼戦を繰り広げることになった。マッカーサー自身も島嶼戦に従事することになろうとは、直前まで考えていなかったといわれる。開戦してみると予想外の戦いが展開され、こうなると、陸軍の学校や海軍の学校では教えられない新しい戦い方を創造できる軍人が必要になってくる。

空母機動部隊の威力を知っていた日本海軍の誰もが、いずれ米機動部隊が本土に迫ってくると予想していたが、基地航空隊の戦いによって島伝いに北上してくることを予想した者はほとんどいなかった。そのためか、戦後になってもマッカーサー軍の北上を正しく位置づけた太平洋戦争史を見掛けたことがない。マッカーサーも開戦前に島嶼戦を予想していたわけではないが、何回かの経験ですぐさま新しい戦争観を立て、この時代の最強兵器を使い、この戦場に適した戦い方を創り上げたのは、日本の軍人にはない能力であった。

マッカーサーが創造した島嶼戦の特徴は、陸上や海上を区別なく飛び回る航空機を最大限活用し、陸上部隊・海上部隊・航空部隊の三つが一体となって戦力を集中して敵の島を奪取する方法を繰り返すものであった。陸海空の三位一体の戦いを繰り広げるには、三者間の円滑な通信能力、陸海軍の組織上の垣根の撤廃が最低の条件であった。通信機の能力が著しく劣り、統帥権体制のために陸海軍の統一指揮ができなかった日本軍には三位一体の戦いは夢物語で、こうした制約が少なかったマッカーサーの三位一体の戦いは、アメリカという社会が生み出した戦い方といってよいだろう。

一九四三（昭和十八）年春頃から、海軍の戦場に陸軍部隊の本格的投入がはじまった。太平洋方面に陸軍の正規部隊が配備された最初といってよいだろう。ラバウルには海軍の司令部だけでなく陸軍の司令部も置かれた。本土や朝鮮・中国・台湾等から押し出されるようにして陸軍部隊がパラオ経由で送り込まれ、軍需品の集積が進められた。ラバウルで部隊の再編成が行われ、新しい武器や装備が支給され、再び輸送船に乗り込んでニューギニアやソロモンの最前線へと送られた。このためラバウルは、戦地に向かう陸軍の部隊が一時滞留し、兵器や備蓄品が支給されるだけでなく、すでに前進した部隊に人員・軍需品の補充・補給を継続し、傷病兵や故障した兵器が戻されて療養、修理する機能をも備える陸軍の一大後方基地という新たな役割を担うようになった。

ラバウルは、奪取した時から海軍の飛行場が幾つも造成され、海軍航空隊が本土から続々と進出し、ニューギニアやソロモン方面に出撃する海軍航空の最前線になった。ガダルカナル戦が激しかった一九四二（昭和十七）年秋頃には、連日ラバウルを飛び立った零戦の活躍談は、戦後になっても多くの日本人の血をたぎらせてきた。ラバウルの飛行場には海軍機がひしめき、連日やってくる連合軍機と激しい空中戦を繰り広げた。

このようにラバウルは、陸海部隊の後方兵站基地であるとともに、航空部隊の最前線基地という二つの性格を合わせ持つ特異な軍事拠点で、ほかにこのような拠点は見当たらない。この意味でラバウルは、太平洋戦線において最も忙しく活動し、長く戦況に関わった南太平洋における日本軍最大の軍事拠点として銘記されるべきであろう。

司令部をオーストラリアのブリスベーンに置く連合軍南西太平洋軍の戦いは、あたかもラバウルを相手にしているようなものであった。当初のウオッチタワー作戦はラバウル攻略が最終目標であり、連合軍は、ラバウルを落とせば、南西太平洋方面の戦いは終わると考えるほどであった。しかし、日本軍の頑強な抵抗や、いくら攻撃を加えても弱まらないラバウル航空隊の激しい反撃を経験すると、ラバウルが不死身のように思われても不思議ではない。強気のマッカーサーでさえ、ラバウルの一歩手前まで軍を進めることに成功しても、さらに攻勢をかけて勝負を決しようとはしなかった。記録を見る限り、ラバウルに対する上陸作戦準備を進めた形跡がなく、戦況が変わっても実施に踏み切る決心ができなかったことがうかがわれる。

これほどまでに恐れられたラバウルが存在したがゆえに、ニューギニア・ソロモン方面の日本軍は、長い間、頑張り通すことができた。日米の戦力格差は時日の経過とともに拡大したが、にも関わらず、劣勢な日本軍が連合軍の攻勢作戦にいつまでも反撃できた要因は、ラバウルが連合軍航空隊の攻撃をかわしながら、後方支援任務を続けたからである。ラバウルの戦いが太平洋戦争に与えた影響を取り上げた議論は少ないが、日本軍の誇りであることは間違いない。

連合軍はニューギニア・ソロモン方面を南西太平洋方面と呼び、日本軍は本土を基準にして南東方面と呼んだが、太平洋全体から見ればアメリカの呼び方の方が合理的である。マッカーサーは南西太平洋方面の陸海軍を束ねる権限を与えられたが、日本軍は、統帥権体制のために陸軍と海軍が別個の指揮系統を守り、何でも別々に行った。陸海軍が議論して統一した作戦計画を立案する土壌がないから、陸軍が立案した作戦に海軍の協力を呼びかけたり、その逆の場合もあったが、それをもって陸海軍協同作戦と呼んだ。しかし、折角の実力を発揮することは難しかったことは容易に想像できる。

ラバウルに陸海軍の大部隊が展開し、各々の司令部も置かれたが、こうしたケース自体が近代日本の中では非常に珍しい。統帥権体制は、陸軍と海軍が別々の戦場で別々に作戦するのを前提とした明治時代につくられた制度だから、同じ場所に駐屯することなどまったく考えていなかった。明治以来、陸軍と海軍の戦場は離ればなれで、別々に戦うのが普通であったから、統帥権体制が障碍になることは少なかった。ところが時代が下がり、飛行機が陸上でも海上でも自在に飛び回りはじめ、陸海軍の境界が意味をなくしてくると実態に合わなくなってきた。

太平洋戦争がはじまり、島嶼戦が起こると、陸海空の戦力を狭い島に集中し、敵に当たることが必要になってきた。島嶼戦は新しい戦争形態で、それだけに近代的体制でなければ対処できない問題が出てきた。陸海空の戦力を一体化するには、連合軍と同じように統一司令部を設置するのが望ましかったが、統帥権体制下では、陸海軍が対等であるため、理論上も実際も一方が他方を命じる統一司令部ができなかった。そのため、陸軍部隊、海軍部隊、それぞれの航空隊は別々に作戦するほかなく、戦力の一本化ができなかった。

ラバウルに進出を果たしたあと、富岡はどのような構想を温めていたのであろうか。アメリカが北上反攻を開始するとき、跳躍台としてオーストラリアを利用するのが確実だから、何としても米軍に利用させないようにしなければならないとして、そのための対策を考えた。

どうしても、濠洲を早く脱落させるか、アメリカとの間を遮断するかしなければならない。（中略）が、いったん戦争がはじまった以上、相手をやっつけて、勝たなければならない。勝つためには、どんなことがあっても、敵に濠洲の使用を許してはならないのだ。敵が、まだ準備できないうちなら、濠洲をとることもできる。このまま、ずるずると二年経ち、アメリカが飛行機をどしどし注ぎこんで、濠洲をフルに使いはじめたら、日本は、おそらくはその物量に対抗できなくなるだろう。

アメリカが厖大な生産力から生み出される圧倒的数の航空機をオーストラリア大陸に持ち込み、それを日本本土に向けて進撃を開始したら歯が立たない。それならばどうするか。米軍の反攻態勢が整わないうちに、オーストラリアを何とかしてしまわなければならないとして、二つの方法を取り上げた。一つは米豪連携を遮断する態勢を固めること、もう一つはオーストラリアを脱落させること。この二つであった。

米豪連携遮断を実現する仕上げの作戦計画として、SF作戦すなわちフィジー・サモア両島の進攻計画がある。しかし、ラバウル進攻からフィジー・サモア島進攻というのは飛躍し過ぎで、SF作戦までにもう一段の作戦計画がなくてはならない。また、オーストラリアを「脱落」させる意味がはっきりしないが、中立化といった曖昧なものでなく、「濠洲をとること」といっているように占領してしまうという意味であった。

軍令部作戦課がニューギニア進攻を要請して間もない一九四二（昭和十七）年一月下旬、ニューギニア及びソロモン諸島進攻作戦が下令され、二月にニューブリテン島スルミ、ガスマタ占領、三月にアド

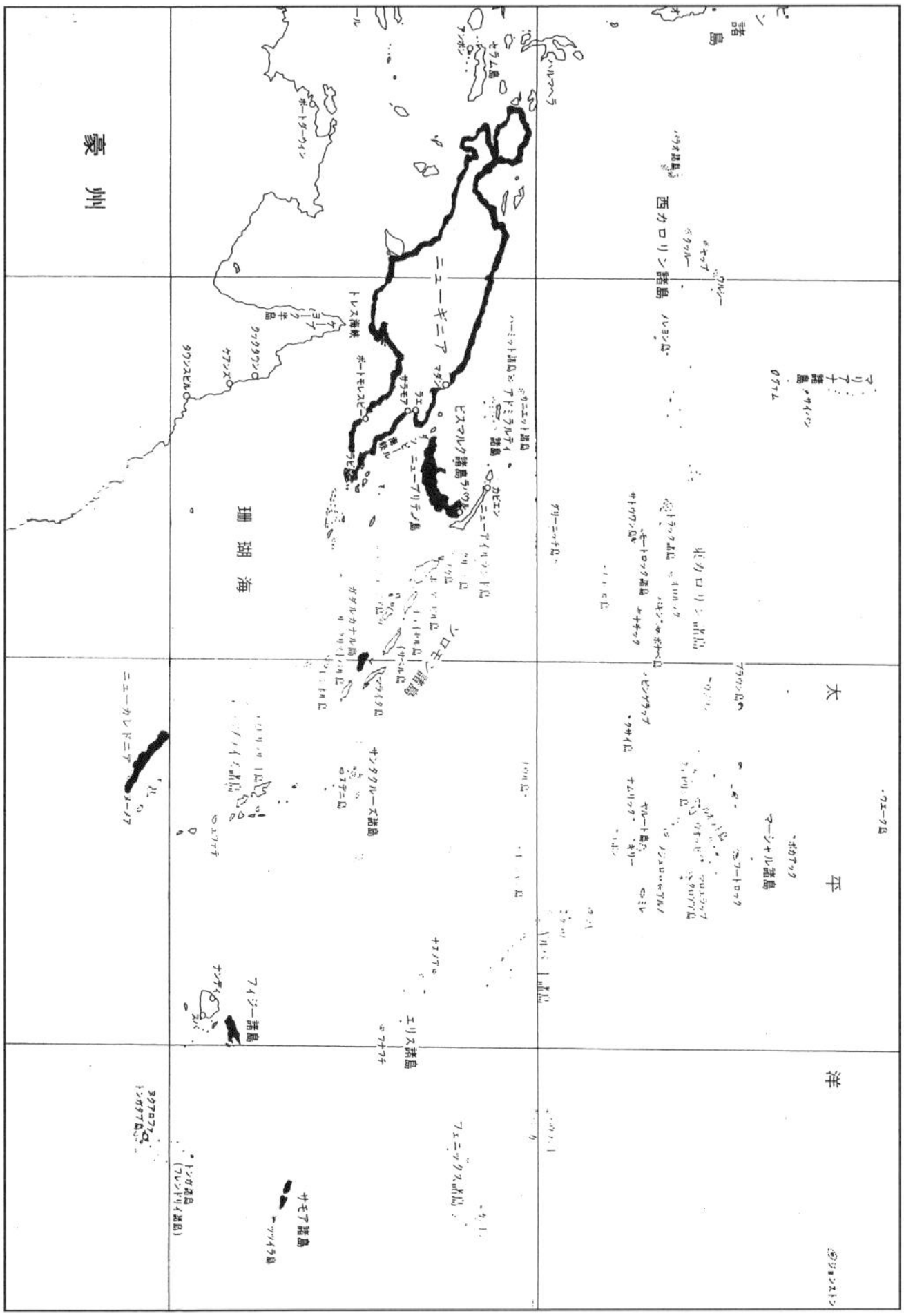

ニューギニア・ソロモン・フィジー・サモア・ニューカレドニアの地図

ミラルティ諸島及びブーゲンビル島上陸、ソロモンのショートランド島、ブカ島占領、四月に同ツラギ攻略が相次いで実施された。作戦計画が順調に進展していくのを見て、軍令部は陸軍に対して、オーストラリア進攻計画つまり同国を占領する計画を持ち掛けた。

オーストラリアは大陸であり、海軍陸戦隊だけで進攻作戦ができるとは考えられないから、どうしても陸軍に本格的協力を依頼する必要があった。軍令部がこの計画を持ちだしたのは、おそらく右のニューギニア及びソロモン諸島作戦に対する進攻作戦実施が決まった直後ではないかと思われる。この計画を示された時期は、陸軍がマレー半島や蘭領インドを攻略する対南方作戦を順調に進め、予定通り部隊を中国戦線に復帰させたいと言いはじめた頃だから、海軍側からすれば絶好のタイミングに思えただろう。しかし、実際は非常にまずい時期であった。海軍としては、ニューギニア及びソロモン諸島進攻作戦が終わる前に持ち出さなければならないと考え、この時期になってしまったのだろう。

中国大陸での戦いにすっかり懲りていた陸軍は、オーストラリア大陸で新たな戦いを起こすなどとんでもないと、聞く耳を持たなかったのは当然である。初期の中国戦線で見られた大言壮語、強気一点張りの威勢の良さはすっかり影を潜め、ようやく自分の実力を等身大で見られるようになってきた時期でもあり、オーストラリア上陸作戦が身に余る計画であることを隠さなかった。

富岡らはあの手この手で陸軍を説得してみたが埒があかなかったため、やむなく五個師団の提供のみを求め、「豪州の都市はみな海岸沿いだからこれを進攻する。そしてサッと引揚げる。へばりつくとあとは砂漠で手をやくから、オーストラリアを脱落させて米国に反攻の場を与えないようにするのだ」と説得してみたが、態度を変えることができなかった。

陸軍が最もいやがる長期戦に対して、一撃離脱で泥沼化を回避できると、さも簡単にすむような話振りで説得したが、相手次第でどのようにも変わる戦いを中国戦線で学んだ陸軍は、海軍の必死の説得にも態度を変えなかった。ついに富岡も諦め、オーストラリア進攻構想は計画書にもならず消え去った。戦後、ラッド首相の時代、オーストラリア政府には八月十五日以外に日本軍の同国への上陸作戦を阻止した日を戦勝記念日にする動きがあったが、作戦計画にもならなかったものに対する戦勝記念日が存在することはありえない。

『戦史叢書』には「一九四二（昭和十七）年三月中旬に断念した」とあるので、海軍の陸軍に対する説得工作は一ヶ月半近くにわたって行われた計算になる。短期間で決定することの多い戦時期にしては、かなり長い議論が続けられたらしい。海軍も容易に引き下がらず、智恵の限りを尽くして説得に当たったことがうかがわれる。この頃の陸軍は、満洲事変や支那事変を起こしたときと異なり、慎重に考えて行動する態度に変わってきていた。暴走する陸軍のために引きずられ、太平洋方面でも多大な犠牲者を出したイメージがあるが、むしろ太平洋方面では、陸軍が慎重かつ冷静であったのに対して、海軍の方が強引過ぎるほどで、支那事変の頃とは様変わりしていた。

二　ラバウルと島嶼戦

ラバウルが後方基地の機能を発揮しはじめた一九四二（昭和十七）年三月中旬、大本営・政府連絡会議において、海軍側はフィジー、サモア、ニューカレドニアを攻略し、米豪間の連携を遮断するＦＳ作戦の実施を説明し、米豪遮断を完全なものにするためにもオーストラリア進攻の必要性を説いた。ＦＳ作戦には異論が出なかったが、陸軍の反対のためにオーストラリア進攻案は挫折し、米豪連携遮断策のみが残ることになった。遮断策について、海軍は陸軍に相談することは一度もなく、上陸作戦が必要になると、はじめて上陸作戦についてのみ協力を依頼するという態度であった。

オーストラリア進攻構想が陸軍に拒否され、富岡らも諦めるほかなかったはずだが、その後も執拗に思案を続けて浮上してきたのが、ニューギニアの要衝ポートモレスビーを攻略するＭＯ作戦計画であった。ポートモレスビーはニューギニアの珊瑚海側にあり、オーストラリアの北端木曜島とは五百キロほどの距離で、同国のニューギニア経営の拠点である。なぜ、ポートモレスビー攻略が必要なのか、海軍側からの明確な説明はなかった。当時は、ニューギニア及びソロモンの各地を次々と占領している時期であったから、いちいち理由を明らかにしなくてもすんだのであろう。

地図を見れば、ポートモレスビーを攻略できれば、次はオーストラリアを視界に捉えられる位置関係にある。オーストラリア占領構想がなくなれば、ポートモレスビーに進攻する理由もなくなるはずだが、海軍は今まで以上に熱心に実施を考えている。ラバウルに対する連合軍機の来襲を阻止するためという説明があるが、日本側の航空戦力が連合軍に引けをとらない時期だから、航空隊だけでやればよかった。状況が好転し、オーストラリア進攻作戦が実施できる状況が訪れないとも限らないので、それに備えて要衝のポートモレスビーを確保しておこうというのが本音であったのではないか。作戦計画では海からの上陸作戦で、陸軍はこれまでと同様に南海支隊の派遣協力だけですむから、敢えて反対するま

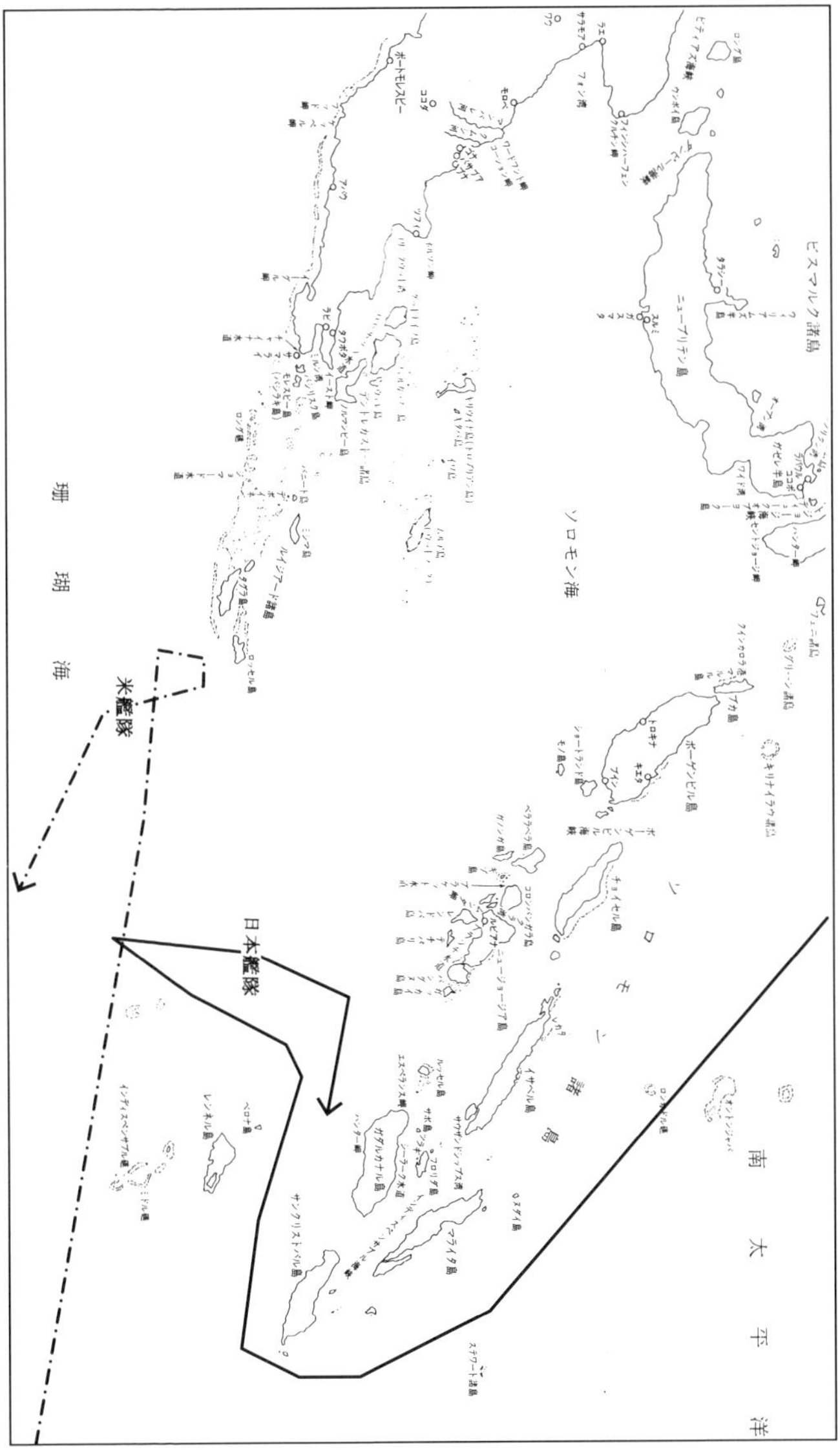
ビスマルク諸島
ニューブリテン島
ソロモン海
ソロモン諸島
珊瑚海
米艦隊
日本艦隊
南太平洋
ルイジアード諸島
ブーゲンビル島
ガダルカナル島
サンクリストバル島
マライタ島
イサベル島
チョイセル島
ポートモレスビー
レンネル島

珊瑚海海戦概念図

でもなかった。

オーストラリアが経営する東部ニューギニアの拠点であるポートモレスビーはこの方面では最も大きな都市であった。はじめは海軍だけで作戦可能に思えたが、米豪連合軍が待ち構えている場合も予想されるので、陸軍に協力を求めた。軍令部は連合艦隊に空母機動部隊の派遣を命じ、上陸作戦を支援させることにした。この頃には、日本海軍の暗号を大体解読できるようになっていた米海軍は、日本の空母機動部隊の出撃を知り、同程度の空母機動部隊を派遣してこれを叩くことにした。五月初旬、史上初の空母機動部隊間の海戦である珊瑚海海戦が行われた。海戦の結果は、米空母一隻を沈めた日本側の優勢といったところだが、MO作戦を中止させたことで、米海軍の戦略的優勢という評価が定着している。

はじめての空母部隊による海戦では、予想外のことばかりが起きた。これを初出の教訓として、大急ぎで対策を講じないと手ひどい結果を招くのが戦争である。この戦いから、一ヶ月後に行われたのがミッドウェー海戦である。珊瑚海海戦が残した教訓を簡単に説明してみよう。

珊瑚海海戦では、艦載機だけが飛び交い、一度も敵の艦列を見ないうちに海戦が終わった。敵機は空母だけを狙い、仮に戦艦や重巡洋艦がいても無視したはずである。もう戦艦は絶対的標的ではなく、空母がこれに代わったのである。これからは空母の被害を最小限に食い止めなければならないことが新たな課題になった。また、動き回っている敵艦隊を見つけるのは容易でなく、攻撃隊を減らしてでも索敵に力を入れること、アメリカの急降下爆撃は優秀だから空母上空の援護を強化すること、といった教訓が出た。ところが間もなく起こったミッドウェー海戦では、日本海軍はこれらを一つも教訓として生かしていなかった。

当初、軍令部はMO作戦に続いてFS作戦を実施して米豪連携遮断を実現し、決定的に有利な態勢を作り上げるつもりであった。ところが一九四二（昭和十七）年四月一日、連合艦隊司令長官の山本は、次期作戦として五月上旬MO作戦、六月上旬ミッドウェー作戦（MI作戦）、七月上旬FS作戦の案を作成し、軍令部に内報し了解を求めてきた。敵艦隊を求めて決戦したい業《ごう》というか本能というか、敵艦隊の動きが報じられると、連合艦隊はじっとしていられないのである。これを聞いた軍令部は、二日後、ミッドウェー作戦について絶対反対を表明した。ところが、四月十八日にドーリットルの日本本土空襲があり、連合艦隊はMI作戦をごり押しする大義名分を手に入れることができた。

六月初旬のミッドウェー海戦で日本海軍が惨敗し、戦局が逆転した。戦後の日本人は、航空母艦上の一分一秒の指揮官の判断と指揮を分析し、ミッドウェー海戦の敗因を明らかにすることに余念がなかった。いかにも細かいことに配慮する日本的分析である。戦争には手違いがつきもので、それでも勝つ作戦を行うのが指揮官の任務である。戦いには、まず戦略があり、その下に戦術のあるのが正しく、この関係が逆転するとろくなことがない。連合艦隊の山本の現場指揮官らしい戦術観に立つMI作戦が、戦略的観点に立つ軍令部のFS作戦より優先され、日本が勝者の位置に立つ好機を永遠に失った。富岡が「山本長官戦略知らず」と評したのは、おそらくこのことを指すのであろう。仮に計画通りにFS作戦が先に実施され、目標とする三つの島の中の一つだけしか攻略できなかったとしても、そのあとMI作戦で連合艦隊が大敗したとしても、日本は優勢な態勢を維持できる可能性があっただけに、山本のごり押しが悔しい。

山本の名誉のためにも断っておきたいが、彼は決して戦術しか目に入らない狭量な人物ではなかった。しかし、連合艦隊司令長官というポストにつくと、組織の人間として言動を変えざるをえなくなる。

連合艦隊そのものが明治時代と基本的に変わらない編成であったし、敵艦隊を主力艦の大砲で撃滅するという使命が、すでに時代錯誤になっていた。連合艦隊は、井上成美が指摘するように飛行機が大空を飛び回り、潜水艦が海中を自在に行動し、攻撃手段が多様化した時代に合わなくなっていたのである。山本がもっと早く司令長官になっていれば、連合艦隊を根本から見直し、司令部も大改革したかもしれないが、残念ながらその時間はなかった。

戦後になってわかったことだが、アメリカ側では、ミッドウェー島の喪失よりも、富岡らが準備していたFS作戦でフィジー、サモア、ニューカレドニアの三島を失う影響の方を遥かに深刻に受け止めていた。三島を攻略して米豪遮断を仕上げるFS作戦の方向性は、間違っていなかったのである。連合艦隊が突如、MI作戦をやりたいと言い出したために後回しになり、これが太平洋戦争における戦局の分岐点になったという評価は間違っていない。戦後になって米海軍のアーレイ・バーク少将が富岡に対し、千載一遇の好機を自ら放棄した日本を訝り、次のように述べている。

なぜ日本はミッドウェーなぞを攻略しようとしたのか。それよりも日本は、珊瑚海海戦に引き続き、連合軍側の海上兵力の弱体と無防備に乗じて、ソロモン、ニューカレドニア、フィジー、サモアの線を攻略して、米濠遮断をやり、これに日本の得意の潜水艦の前進基地を置いて、これを更に有力な空母機動部隊で支援していたならば、米国は航空機を一機も、濠洲に進出させることができず、対日大反攻の基盤を持ち得ないことになって、非常に困ることになった。

バークはミッドウェー攻略作戦にはまったく価値がなく、米海軍はソロモン、ニューカレドニア、フィジー、サモアを日本軍に取られることを非常に恐れ、もし取られていたら反攻拠点になるオーストラリアも使えず、戦局がどうなるかわからなかったという趣旨のことを述べている。

一枚岩だと思い込まれてきた海軍には、作戦の立案と実施について、基地航空戦・島嶼戦で米豪連携遮断・米軍反攻阻止を企図する軍令部と、機動部隊主体の艦隊で米艦隊を追求して撃破し、戦局の主導権確保を目指す連合艦隊司令部という相反する考えを持つ二つの指導機関があり、表面化こそしなかったものの内部では度々激しく対立していたのである。戦時期のことであり、また、政治家や右翼団体が口を差し挟む派閥抗争ではなかったから注目されなかったが、作戦思想・構想を一本化できなかったのは、戦争指導上、ゆるがせにできない重大事であった。

時とともに変わらないものはない。とくに、軍事分野では十九世紀末以来、技術の進歩がもたらす変化が大きくなり、新たな技術がもたらす能力を生かすために、組織制度までも変更することが珍しくなかった。日清戦争以来、連合艦隊は大きな変更もなく、日本海軍及び日本人の誇りとして存在し続けてきた。一途に伝統を守ろうとするのは、技術の進歩の影響を受けやすい海軍にとって弊害である。技術の進歩に寄り添っていこうとすれば、ラジカルな変化にもついていく心構えが必要である。富岡は、技術の進歩に対応する革命児になる道を選ばず、作戦計画立案の中で連合艦隊に頼らない方向を目指した。しかし、連合艦隊の強い要求に度々譲歩を迫られ、その都度日本軍は不利になった。歴史の流れの中に連合艦隊の要求を乗せてみると、いずれも時代錯誤か時代の流れに逆行するものが多かったことがわかる。

連合軍がガダルカナル島（以後、ガ島）に上陸したのは、バーグ少将の言にあるように、最も恐れていた日本軍の米豪連携遮断を阻止するためで、連合軍の反攻開始という定説は当たらない。はじめてガ島で奮戦する機会を得た米海兵隊が反攻作戦の主役とされてきたが、日本軍のガ島再上陸を阻止したあと次の戦いがなく、半年以上もの間、ハワイや米本土で再編と訓練に過ごしていたのである。日本人は、マッカーサー軍がガ島周辺で行った戦いとを結びつけて、反攻開始と解釈しているようである。

ミッドウェー敗北後も、まだしばらくは日本軍に勢いがあり、その間に二つの計画が進められた。艦隊戦にブレーキがかかり、島嶼戦の方に重点が移る最初の動きといってよいだろう。一つは、南洋部隊指揮官井上成美中将の下で一九四二（昭和十七）年六月中旬に着手されたもので、ニューギニアからソロモン諸島にかけて海軍の航空基地網を整備し、基地航空部隊を展開させるＳＮ作戦計画であった。最初に計画されたのは、以下の六ヶ所の飛行場であった。ラバウルを起点に取り上げると、次のようである。

ラバウル東飛行場、ラバウル西飛行場、ラエ飛行場（ニューギニア）
カビエン飛行場（ニューアイルランド島）、ツラギ飛行場（ツラギ島）
ガダルカナル（ルンガ）飛行場（ガダルカナル島）

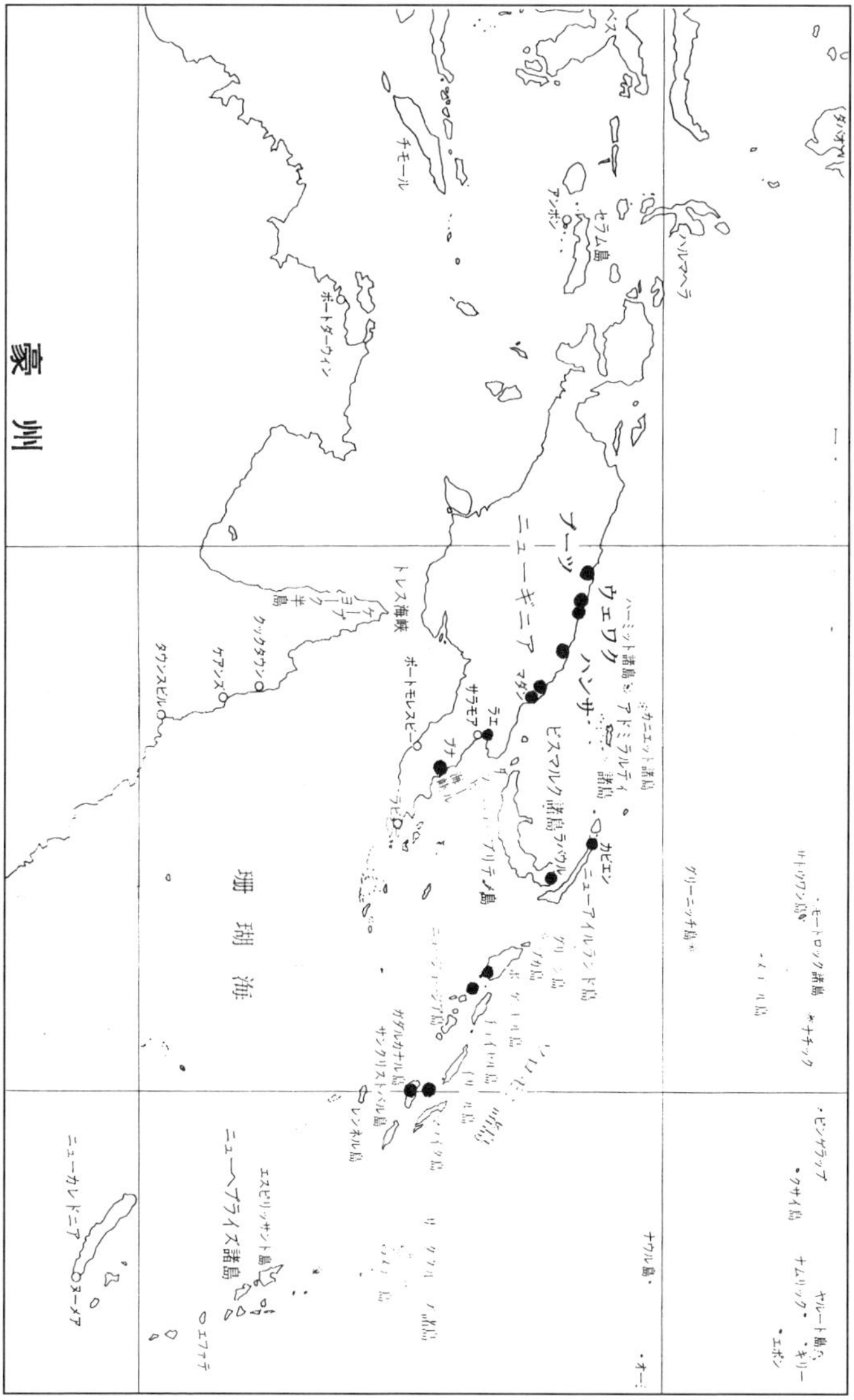

ラバウルを中心とした飛行場の展開

ガ島飛行場もSN作戦計画の一つであったことがわかる。SN作戦計画は海軍が独自に進めた飛行場建設策で、まだ、陸軍は南海支隊だけが太平洋方面にいた時期だから、海軍は陸軍に計画について説明しなかったし、協力も要請しなかった。ガ島に米軍が上陸し、陸軍に援軍要請があったとき、唯一の陸軍部隊である南海支隊はニューギニア戦に出動し、このほかの陸軍部隊は南太平洋にはいなかった。陸軍がガ島で飛行場が建設中であることを知らなかっただけでなく、ガ島の位置すらわからなかったのも、この方面を担当外にしていた陸軍としてはやむをえなかった。

三　ニューギニア戦と日本の問題点

MO作戦が珊瑚海海戦のために中止され、陸軍の誰もがポートモレスビー進攻作戦（以後、ポ進攻戦）はもうないと思っていたといわれる。ところが、軍令部は珊瑚海側から上陸するMO作戦に代わって、ニューギニア北岸から山越えをしてポートモレスビーを目指す陸上進攻策を思いついた。真偽不明の探検記「ニューギニア縦断記」を見つけたのが原因らしいが、人文系資料を科学的・客観的に分析できないようでは、海軍が科学技術に強いという評判はあまり信用できない。軍令部は、「縦断記」によれば北岸からポートモレスビーに達する陸路があるとまことしやかに陸軍に持ち掛け、陸軍内では慎重論が多かったが、海軍の執念深さに根負けしたかたちで作戦が始まった。

東西に横たわる大きな鰐に似た形状をしているニューギニアは、背中の辺りを険しい山脈が走っている。四千メートルを超えるピークがあるだけに、何千人もの部隊が踏破するのは正気の沙汰ではない。山岳地帯の険しさを知らない海軍が、いい加減な資料と航空写真を見せて陸軍を煽った結果であった。地図を精査して作戦を練る陸軍軍人は、配布された地図が信用できず、航空写真は撮り方次第で傾斜がわからないことも知っていたから、現地陸軍は海軍の説明を怪しみ慎重な態度を変えなかったが、参謀本部が呑んでしまった。

頭数の多い陸軍の中には狂信的な人物が必ずいるもので、作戦発起点にたまたま参謀本部参謀の辻正信が居合わせ、作戦発動が決まっていなかったにも関わらず、参謀肩章をちらつかせた強引な口調に引きずられ、事実上作戦がはじまってしまった。これが戦死者九〇％近い地獄のニューギニア戦のはじまりとなった。ポ進攻戦は、陸路が存在する確証がないまま、ガ島戦の直前にはじまった。前述したように、海軍がポートモレスビーにこだわった狙いについて確かな記録はない。ラバウルに来襲する米豪軍機の出撃を食い止めるためであったという説が多いが、飛行機は飛行機で叩くのが常道で、まだ海軍航空隊に十分な数の飛行機があった頃である。筆者は、将来オーストラリアに進攻する機会が来るときのために、どうしても確保したかったのではないかと考えている。

一九四二（昭和十七）年七月末に進撃を開始したのは、第一七軍の指揮下にあった四国香川県の第一一師団歩兵団を中心に編成された南海支隊であった。開戦以来、休むことなく海軍とともに戦ってきた部隊である。主に高知県出身の平均身長一六〇センチに満たない小柄な日本兵が、六十キロ近い荷物を担いで、急峻なスタンレー山脈に分け入った。急峻でも岩が露出していれば、手懸りと足場にして登れるが、ニューギニアでは、どれほど急峻でも表面が土で覆われているため、ぬかるんで滑るので、後続の支えがなければ登れなかった。根拠のない二週間以内に目的地に着く計算に基づいて配給された食糧が荷物を重くした原因であった。二週間分の水まで運べないので、輜重兵が水場で竹の水筒に入れては前進する部隊にピストン輸送した。これほど苦しい戦いに立ち向かうエネルギーがどこからほとばしるのか不思議でならない。

南海支隊がポートモレスビーに向け前進を開始して十日余後の八月七日、米海兵隊が飛行場完成間近のガダルカナル島に上陸してきた。この方面で唯一の陸軍部隊であった南海支隊はポ進攻戦に従事中だから、ガ島援軍に駆けつけられる陸軍部隊は一つもなかった。大急ぎで太平洋のどこかに陸軍部隊がいないかを調べてみると、グアム島から広島県宇品に向けて帰投中の一木支隊とパラオの川口支隊が見つかった。

島嶼戦における作戦実施の時日を決めるのは輸送船の確保である。太平洋のどこかを航行中のもの、湾口にあって揚陸作業中のもの、機関の不具合があって修理中のものなど実に様々な中から、喫緊の予定のない船を探し出し、新たな任務を指示する。それだけに、期日までに指定した港に集結させるのは容易なことでなかった。戦後、両支隊の逐次投入がガ島戦敗北の原因とされるが、この議論においては、必要な輸送船を集められない事情が無視されている。日本側の失敗は、太平洋にわずかな陸軍部隊しかいなかった上に、輸送船の確保が思うように進まず、米軍に迎撃準備の時間を与えてしまったのが大きな要因である。海軍の輸送船を使えればもっと早く行動できた可能性があるが、それができない統帥権体制にも足を引っ張られたといえる。陸軍にとって、太平洋は海軍の縄張りであり、大急ぎで輸送船をかき集めて部隊を急行させる手配がうまく行かなかったとしても責められない。

たまたま輸送船上にあった一木支隊第一梯団が、八月十八日にガ島タイボ岬に上陸したが、すでに、米軍上陸から十日以上もたっており、待ち構えていた米軍に迎撃されて全滅した。次の川口支隊と一木支隊の残部が上陸したのが八月末で、さらに、一七軍司令部まで上陸して行った九月十二日からの攻撃も相継いで失敗し多数の犠牲者を出した。この後、第五師団、第三八師団を送り込むが、その都度はね返され、翌年二月に敗退した。

島嶼戦における作戦を左右する輸送船の確保について、陸海軍はそれぞれが有する徴用船を使用するのが原則である。一刻も早く陸軍の増援軍を輸送しなければならないときに、海軍の船が近くにあっても使えないのが日本軍の制度であった。また、上陸する陸軍部隊の護衛のために、近くまで行った海軍艦艇から米軍が待ち構えている辺りに艦砲射撃でもすれば、一木支隊や川口支隊がむざむざ全滅することもなかったかもしれないが、これができないのも日本軍の制度であった。統帥権体制に直接間接の理由があるが、戦前の軍人たちはこれを承知の上で戦っていたので、これ以上、追求するのはやめたいと思う。

ところで筆者が一九六七、八（昭和四十二、三）年頃に教えを乞うた何人かの「戦史叢書」の執筆者たちは、ガ島戦の敗因について異口同音にニューギニア戦との「二正面作戦」を挙げていた。それが近年では「逐次投入」に変わり、「二正面作戦」を取り上げる意見を見掛けなくなった。大局的に判断するか、大きな枠組みの中で敗因を求める解釈が好まれず、局所的、子細な原因から答えを見つけることを好む日本人の性格のためか、ミリミリ的原因で落ち着いてしまったように思える。「二正面作戦」は、大本営、参謀本部、第一七軍司令部がどちらか一方の軍を引き揚げれば解決するが、こうした重大な決断は、ヒットラーやスターリンのように全権を掌握した者でなければできなかったのかもしれない。

ポ進攻戦が開始されて間もなくガ島戦がはじまり、陸軍の現地最高司令部である第一七軍は、ポ進攻戦とガ島戦の両方面つまり二正面の戦闘に対処しなければならなくなった。第一七軍司令部は、各方面からラバウルに到着する増援部隊や軍事物資を、これはニューギニアに、そちらはガ島にと送り先を選り分ける作業に忙殺された。一方に部隊や物資を集中できれば、戦況を有利に進められる可能性が大きくなるが、他方が苦戦し、もしかすると敗退しかねない。両方を公平に支援すると両方ともに不徹底になるため、共倒れになる確率が高くなるのが二正面戦の怖さである。東京にある陸海軍統帥部すなわち大本営が決心できないものを、現地司令部に措置を求めるのは酷なことで、二正面戦は最後までいくほかなかった。第一七軍司令官にしてみれば、鬼にでもなれない限り、前線の将兵を切り捨てにするなどできるものではなかった。

二正面戦は日本軍が計画したものではないことぐらい、説明する必要はないであろう。どちらの戦場でも苦戦に陥り、海軍の戦場であったはずのニューギニア・ソロモン方面に、陸軍の増援部隊がつぎつぎに送り込まれてきた。このときから、狭い地域に陸軍と海軍がわずかな距離を置いて駐屯するようになるが、統一司令部は設置されず、問題が起これば、両司令部間で話し合い、調整して処理した。一緒に作戦を行う場合には、中央で協定が結ばれ、さらに、現地司令部間で細部を詰めたが、協定に基づく作戦は、協定にないことが起きると、お手上げになるのが欠陥であった。

例えば、ある日の正午に行われる陸軍部隊の総攻撃に海軍航空隊が支援すると決めたとしよう。天候不良で航空隊が出撃できなかったり、陸軍部隊がジャングルで道に迷い、攻撃時間になっても所定の位置につけず、その間に航空隊が到着して爆弾を投下して帰投したりするといった現象が度々発生した。通報すればよいではないかと反論されそうだが、通報には所定の手続きがあり、司令部から末端の現地部隊にまで通報するのにかなりの時間を要した。また、手続きを早くすませても、日本の通信機では、上空の航空機と地上の陸軍部隊との間で連絡をとることができなかった。

日清・日露戦争では陸軍と海軍の戦場が離れ、陸軍と海軍が一緒に戦うことはなく、そのため統一司令部を設置する必要がなかった。この明治時代の戦争で得た経験を通して統帥権体制が成立しているので、陸海空の三位一体戦を求める島嶼戦に合わないのも当然であった。統帥権体制は、本来、天皇の意志が全軍に貫徹するために構築されたが、実際には陸海軍それぞれの権益を守る体制になり、陸海軍が一体となって戦うことを困難にした。昭和になると飛行機が戦力化され、自在に飛び回る飛行機は、陸海軍の区別の必要性を根底から揺さぶったが、統帥権体制に縛られた日本では、管制する機関の設置さえ進まなかった。

このように、太平洋戦争において陸海軍が同じ戦場で行動する島嶼戦では、陸海軍を独立させてきた統帥権体制による枠組みが障碍になった。マッカーサーのように陸海空の戦力を一本化して戦う方が、陸海軍が別々に戦うより優れていることは言わずもがなである。日本では、島嶼戦で痛い思いを何度もしながら、統一司令部設置を模索する動きが現場で強かったが、中央で議論が沸騰したという話は聞かない。陸軍航空隊がニューギニアに展開する際、陸軍側が陸海軍航空隊の統一管制を提案しても、海軍側はにべもなく断っている。煎じ詰めると天皇制の根幹である統帥権に関わる大問題であるだけに、誰も触れたくなかったのである。中央でさえ取り上げるのが畏れ多い大問題を、ラバウルの陸海軍司令官が話し合って解決できるはずがなかった。

統帥権体制は、島嶼戦の戦場で陸海軍を悪い意味で分断した。一九四三（昭和十八）年、陸軍の地上部隊や航空隊は海軍の強い要請でラバウル及びその周辺に進出してきた。このときが、陸軍が太平洋の戦場に本格的に参入した最初で、それまでは陸軍将兵の姿を見かけることのない戦場であった。太平洋は海軍の担当であって、勝つも負けるも海軍次第であると考えられていたのが、陸海軍の戦場に変わっていた。ラバウルに根拠地を置いた基地航空隊である海軍第一一航空艦隊は、米豪航空隊との間で死闘を演じ、日増しに損耗した。やむなく空母艦載機をラバウルに送り込んだため、機動部隊の航空戦力が手薄になり、その後の作戦に深刻な影響が出た。真珠湾の英雄淵田美津雄が、海軍航空隊だけで戦い続けるのはおかしいと苦言を呈したことがあるが、彼でさえこの戦争の枠組みを理解していなかったことがわかる。太平洋は海軍の戦場であり、ここに陸軍がいること自体がおかしいという枠組みを、淵田でさえもわかっていなかったのである。本来であれば、そのための環境整備として陸海軍統一司令部が設置できる体制になっていなければならなかったが、統帥権体制下の日本軍には、そうした発想さえ出てこなかった。

統帥権体制下では、前述のように陸軍と海軍が対等であるため、一方の指揮官が他方を統率することは実際上ありえない。戦場では、臨時的処置として一方の指揮官に従うことはあるものの、特別な場合に限定される。一般的には、一方が指揮官を置けば、他方も同格の指揮官を置き、天皇の命令を同時に受け、その戦場での天皇の統帥を共に補弼する態勢になっていた。

ニューギニア・ソロモン方面を例にすると、戦勢の立て直しを行った一九四二（昭和十七）年末から一九四三（昭和十八）年初めにかけて、海軍は第八艦隊をソロモン方面に専従させ、ニューギニア方面には第九艦隊を新たに設置し、両艦隊の上に南東方面艦隊を置き、司令長官に草鹿仁一中将を当てた。これに対して陸軍は、第一七軍をソロモン方面に専従させ、ニューギニア方面には第一八軍を置き、両軍の上に第八方面軍を置き、今村均中将を司令官に据えた。陸海軍対等だから草鹿と今村は同格であり、両者の上に立つ最高司令官は天皇であった。

さいわい、草鹿と今村の優れた人格によって協力がはかられたが、いちいち協定を結んで行う体制では、刻々と変化する島嶼戦を戦うのは難しかった。今村は一九四三（昭和十八）年五月に大将に昇進したが、中将のままの草鹿の上に立つわけでもなく、それまでと何も変わらなかった。敗戦後、降伏交渉において、オーストラリア側は国際的慣行にしたがって今村を上官として扱った。今村の気配りと草鹿の度量によって問題化しなかったが、オーストラリア側の気遣いも大変であったと、同国の研究者から聞いたことを思い出す。

こうした統帥権体制の下では、戦場において信じがたい挿話が幾つも生まれた。日本軍の上陸作戦では、海軍の担当範囲は陸軍の上陸用舟艇（大発）が兵員を迎えに輸送船にくる地点までで、輸送船から先の敵軍がいるかもしれない陸地までは陸軍の担当であった。陸地は陸軍の担当だから、原則として米海軍がするように海軍艦艇が陸地を砲撃することはしなかった。そうなると艦砲射撃の援護のない上陸作戦になるため、月明かりのない深夜に行われるのが普通で、上陸地点を間違えることが多く、上陸後に予定していた上陸地点に向かって移動する際に見つかって戦闘になるケースが少なくなかった。ラバウル上陸作戦もニューギニア東部のラビの戦いもその好い例である。ガ島撤収作戦の際、海軍の駆逐艦が危険を冒して陸地に近づき、陸軍兵を乗せて無事に逃げ帰った例がある。当たり前のように思えるが、あとで陸軍指揮官が駆逐艦艦長に涙を流しながら感謝の意を伝えた。そのわけは、祖法を破ってまで陸地近くまで駆逐艦を入れたことであった。

このほか、陸海それぞれの管制を受ける陸軍機と海軍機が同じ上空を飛行する問題があった。前述のように双方の指揮・管制の一本化を海軍が拒否したため、同じ空を飛ぶ陸軍機と海軍機が、別々の命令を受けて飛行することになった。最低限の解決策として、陸海軍航空隊がそれぞれ飛行する時間を決め、同じ時間帯に双方の航空機がいないようにするほかなかった。ニューギニア戦中に〝ダンピール海峡の悲劇〟といわれる輸送船団全滅の悲劇があったが、陸海軍航空隊が一緒に警戒飛行していれば、米豪航空隊の攻撃をある程度食い止められたかもしれない。戦後の戦争史では、陸軍機と海軍機の合計数で上空援護に当たったと書かれているが、これは完全な誤りである。

こうした不都合を真っ先に感じたのは陸軍航空隊で、海軍の要請により、ソ満国境の近くにいた航空隊が実戦経験がないまま南方戦線にやってきた直後、余裕のない陸軍機が海軍機を敵機と間違えて追い回すことが相次いだ。友軍間の誤射を避けるためにも、陸軍側は陸海軍航空隊の統一司令部の設置を求めたが、海軍側は取り合わなかったことは先に述べた通りである。仮に現地で話が進んでも、天皇制の根幹を揺さぶることになりかねないため、中央の参謀本部や軍令部が許すことはなかったであろう。やむなく共に進出した陸軍第六航空師団と陸軍第七航空師団は、自分たちの上に陸軍第四航空軍を置き、陸軍航空隊だけでも指揮・管制を一元化して、相撃ちを避け、安心して戦える環境の整備につとめた。

こうした諸例の根底にある統帥権体制は、明治初期、圧倒的発言権を有する陸軍に対して、陸軍の隷下部隊の一つのように見下された海軍が、天皇の権威を借りて組織と海防の独自性を守ろうとしたことに源流があった。そのために海軍には、あらゆる時と場所において陸軍と海軍を区別しようとする動きがあり、戦場において陸海軍が接触を密にすると、必ず両者の間を区別し引き離そうと動いた。このため二本の矢を一本に束ねることが否定され、一本の矢で立ち向かうしかなかった。米軍では通信機器が飛躍的に進歩し、陸と海と空の戦場を一つに結びつけることが技術的に可能になったため、矢を二本にも三本にも束ねることができるようになり、日本軍の不利は倍加した。

天皇制の根幹にも触れる統帥権問題を、ニューギニア・ソロモン方面の指揮官が解決できないのは当然である。天皇制にメスを入れることになれば、明治維新に匹敵する激震が走らないとも限らない。それにしても明治から昭和に至るまで、統帥権を盾にそれぞれの権益を守ろうと考えた陸海軍軍人、統帥権問題を政治の道具にした政治家や官僚、政治結社が多すぎた。彼らは、実戦において統帥権のために統一司令部が設置できない不利、陸海軍部隊が飛行機を協同して戦えない不利、陸海軍将兵が共闘できない不利を放置して、政争や権益拡大の道具にしてきたのである。

連合艦隊が米艦隊を探して太平洋を走り回り、陸軍が東南アジアと中国大陸だけで戦っていれば、明治時代からの統帥権体制でも大きな制約にならなかったかもしれない。ところが、島嶼戦は陸軍と海軍が同じ場所に展開するという想定外の戦いであり、明治時代からの体制を見直さないと対応できない戦況になったが、短期間で解決できるような簡単な問題ではないのは明らかであった。

戦力の一元化において、マッカーサーを総司令官に立て、米豪軍の陸海空の三戦力を自在に組み合わせて投入する連合軍側の方が明らかに優れていた。統帥権体制は天皇制の強化と海軍の自立につながり、陸海軍の権益維持に役立ったものの、肝心の戦いに役立った制度とはいえない。しかし、島嶼戦でその大きな欠陥が暴露されても、これを批判する声は起こらなかったし、これを変更しようとする動きも弱かった。むしろこの体制を守るために戦っていたと考える方が当たっていたかもしれない。

一九四四（昭和十九）年二月、東條首相は陸軍大臣と参謀総長を兼務し、島田繁太郎海相も軍令部総長を兼務し、これまで国論が沸騰する大問題であった軍政と統帥の別が、中央ではいとも簡単に瓦解してしまったのである。戦時とはいえ、右翼や政党の非難もなく、何も混乱がなかったということは、元々さしたる問題ではなかったのかもしれない。あとは、戦地で陸海軍の統一司令部を立ち上げるだけであったが、さすがの東條もそこまで手を広げようとはしなかった。陸海軍の組織制度が統帥権の存在を前提に整備され、簡単には変えられなかったのも一因であろう。

米海兵隊のガ島上陸作戦は、建設中の飛行場が完成し、日本海軍の航空隊が進出して米豪遮断に乗り出す前に叩くのが狙いであった。米軍が米豪連携遮断をどれほど恐れていたかがうかがえるが、ガ島でもこれほどだから、ＦＳ作戦が実施でもされたら、連合軍内に恐慌が走ったにちがいない。日本海軍のガ島進出計画は、相手が最も恐れている点を衝いていたという意味で評価できる。とはいえ、ソロモン諸島を南下し、連合軍に与える脅威が大きくなるほど反攻が強まることが予想され、それだけに海軍だけで作戦を進めようとしたのは情勢判断の甘さによるものであり、その点を批判されてもやむをえない。だが、これも統帥権体制がもたらした余波と考えると、島嶼戦が突きつけた課題は、限りなく大きかったということができる。

ポ進攻戦の南海支隊が、携行した食糧が尽きて撤退を開始したのと、ガ島で川口支隊が攻撃に失敗して敗退したのは、偶然にもほぼ同じ頃であった。それぞれ事情は違うが、日ごとに戦力を増強する米豪軍の圧力にはね返された点で共通している。オーストラリアから兵の補充や軍事物資の補給を受けるニューギニア戦線の米豪軍、ハワイや米本土から補給を受けるガ島の米海兵隊に対して、ラバウル一ヶ所からの補充・補給に頼ったニューギニアとガ島の日本軍は、二正面作戦の弊害に苦しめられた。

ラバウルの役割が一段と重要性を増すと、米豪航空隊が連日空爆をしかけるようになり、これを迎え撃つ海軍航空隊との間で激しい航空戦が展開された。零戦の評価がもっとも高まったのはこの頃だが、数日おきにパイロットが休暇を取る米豪軍に対して、優秀ながら何週間も休みなく戦い続ける日本のパイロットの境遇の格差が、長期戦の過程で次第に影響を見せはじめた。また、精密兵器である航空機は不断の整備が必要で、部品の補給が稼働率を左右した。ラバウルの海軍航空隊の整備能力はとくに高く、稼働率も高かったといわれるが、高温湿潤の熱帯の中で、耐久性に問題があった零戦を飛行可能状態に維持する整備兵の苦労は並大抵のものではなかった。

何度も述べてきたように、島嶼戦で最も活躍したのは航空機で、そのため航空戦力の優勢な側が戦いを有利に進めることになった。陸上の飛行場を拠点に活動する航空隊を基地航空隊と呼ぶことは先に紹介したが、日本海軍の場合、艦隊決戦の前に実施される漸減作戦の中で、魚雷で敵艦隊を攻撃する役割を基地航空隊に与えたので、陸軍の重爆に負けない陸攻と呼ばれる双発の大型爆撃機を保有した。単発の戦闘機だけでなく、海軍固有の大型爆撃機まで開発し保有した例はほかには聞かない。

陸軍航空隊が進出しはじめたのは一九四三（昭和十八）年二月から三月、ガ島戦やポ進攻戦の決着がついた頃である。前年の十一月頃、高空測量用の陸軍爆撃機が満洲からラバウルに送られているが、これは特殊な例である。陸軍航空隊の進出は、再び攻勢に転じようとする意欲の表れだが、陸軍機は満洲や内蒙古で作戦するいわば寒冷地仕様であり、高温多湿の南方用に改修する必要があった。また、大陸での使用を想定し、航続性能を低く抑えていたために長距離洋上飛行に不安があった。これを嘲笑する海軍関係者がいるが、機器は使う場所の条件に合わせて作るのが設計の基本であり、搭乗員の訓練もそうであった。一番の問題は実戦経験がなく、海軍航空隊が実戦で得た教訓、米豪航空隊の特徴、南方の気象等をどこまで陸軍航空隊に伝えるかであった。

長期消耗戦を避けなければならないのは、開戦前の陸海軍連絡会議で繰り返し指摘されたことであった。長期消耗戦になれば、山本五十六の無二の親友であった堀悌吉も、「当事国の資源、経済力、工業力が特に決定的要素」になるとし、「日米両国間には、比較が出来ない程の差等」があるので、どうしても短期戦で決着しなければならないといっている。日本軍将校の誰しも心配していたことである。堀は山本と兵学校同期で、秀才中の秀才とうたわれた人物である。

こうした戦前の日本を代表する頭脳の持ち主の説明でわからないのは、日米の工業力には比較できないほどの格差があるので、短期決戦で勝利を収め、相手に充分のハンディキャップをつけなければ戦えないという論理である。仮に作戦が成功して日本軍が大勝利を収め、大きなハンディギャップをつけたとして、そのあとをどうするのかがわからない。アメリカ本土が無傷のままであれば、巨大な産業がフル回転して洪水のように兵器弾薬を生み出し、いくらハンディキャップがあってもたちまち補填し、日本を追い詰めていくことになろう。アメリカの生産活動を止めなければ、たまたま太平洋方面で大勝利を続けたところですぐに追いつかれる。ところが、堀悌吉にしても、なぜかアメリカの生産にブレーキをかける必要について触れさえしない。

米陸海軍は、開戦直後から日本本土制圧を企図し、それぞれが〝Air Target〟（空襲目標）のリストづくりに着手している。一九四四（昭和十九）年に米陸海軍が選び出したTargetを出し合って〝Joint Air Target〟（共同空襲目標）を作成した。生産活動が戦力の増強と維持に直接関わるため、これを止めないかぎり相手の戦いを終わらせることができない。さらに相手に勝つには、その領土に踏み込み、制圧しなければならないという考え方に立っていたことが明かである。

米軍の航空機にオーストラリアを使わせない富岡らの構想が実現すれば、米軍の反攻作戦を遅らせる効果は確かにあろうが、それで日本が勝つわけではない。また、連合艦隊がアメリカの機動部隊に大勝利しても、日本がこの戦争で勝利したことにはならない。日本軍には米本土を叩く爆撃作戦に向けた調査活動もなかったし、米本土爆撃に使う大型爆撃機の大量生産計画もなく、ましてや、米本土に上陸し全土を占領する計画もなかった。つまり日本には、アメリカ本土を降伏させる構想も具体的作戦計画もなかったことになり、これではどれほどの幸運に恵まれても日本が最終的に勝利することはなく、何を目指した戦争かわからなくなってしまう。

日本軍指導者が考えた勝利は、東南アジアか太平洋で連合軍または米軍を徹底的に叩けば、諦めて降伏するのではないかという完全な他力本願に基づいていた。すべては〝だろう〟の期待でお茶を濁す無責任な考え方であったともいえる。一九四二（昭和十七）年十月二十六日の南太平洋海戦のあと、アメリカには作戦を遂行できる空母がなくなり、著しく不利な状況に追い込まれたが、米本土には何の動揺も起きなかった。日本軍が米艦隊を徹底的に叩いて完全勝利を上げれば、米国内で戦争終結を請願する動きが起こり、勝利するとでも思ったのであろうか。

このように、日本軍のいう勝利への筋道を幾ら考えても疑問が消えない。日本軍が誇りとする日露戦争では、満洲で決着をつければ戦争が終わると考えられ、日露両国とも相手の首都まで攻め込む意志は毛頭なかった。つまり限られた戦場をボクシングのリングに見立て、両国にはリング外にまで戦いを広げる意志がなく、リング上の勝敗結果をそれぞれの国家が潔く認める暗黙の了解があった。戦争がリング内に限定されるか、相手の本土にまで及ぶかは、互いの国家の意思次第である。太平洋戦争では、アメリカが開戦時から日本本土進攻を目指していたのに対して、日本軍の方は、南太平洋方面をリングと考え、そこでの戦いで勝敗が決着すると考えていたとしか思えない。

全面戦争あるいは総力戦は、相手本土に攻め込み、全土を征服して生産活動や徴兵・訓練を止める戦いである。アメリカは開戦と同時にこの方向に向けて準備を進めた。一方の日本には、そうした考えに立つ準備は何一つなかった。そうなると日本軍は、日露戦争のようなリング型の勝利を目指し、太平洋での勝利を目指す連合艦隊の作戦はまさにこの方向を目指していたといえなくもない。だが、ドイツ軍の英本土上陸作戦やロシア本土進攻作戦、英軍のベルリン大空襲等を見れば、第二次世界大戦がリング型勝利で終わる戦争でなく、それぞれの国土を制圧し首都を攻略して勝敗が決する全面戦争であることは明白であった。日本だけが日露戦争の如くリング上で勝敗が決する戦争を目指していたとしたら、日本の陸海軍指導者たちは、とんでもない思い違いをしていたことになろう。

戦争指導は勝利の形をイメージして行われるもので、その形が曖昧であった日本軍の戦争指導が矛盾だらけであったのは当然である。日本軍に米本土に攻め込む意志も計画もなかったことは、勝利する意志を放棄しながら戦争をはじめたのと同じことである。日本の戦争指導には根本的矛盾があり、誰もそれに気づかなかったということだろうか。

開戦直後からアメリカの戦争指導が、日本本土進攻を目標として行われ、ニューギニア・ソロモン方面で戦うマッカーサーも、フィリピンを経由して日本本土に至る戦略を描きながら作戦を進めた。これに対して、マッカーサー軍と戦う第八方面軍の今村均や南東方面艦隊の草鹿仁一は、米軍の圧力を食い止めるのが精一杯で、米本土が最終目標となるなどつゆ程も考えなかった。富岡にしても、ニューギニア・ソロモンからサモアやフィジーに進んだあと、その次は何をするつもりであったのか、どこに行こうとしたのか、戦後になっても何も語っていない。

このように日本軍は、最終目標が曖昧なまま、ますます泥沼化するニューギニア・ソロモン方面の戦いに兵員や武器弾薬を送り続けた。海軍は、当初、ニューギニア・ソロモン方面を自身の担当地域として、陸軍南海支隊以外を入れていなかったが、前述のようにガ島戦をきっかけに陸軍部隊を入れた。これと同時に、あまりに激しかった飛行機の消耗、パイロットの犠牲を補うため、陸軍航空部隊も入れた。陸軍は既存の第一七軍をソロモン方面の担当とし、新たに第六師団をつけた。東部ニューギニアに第一八軍を置き、同軍には第二〇師団、第四一師団、第五一師団のほか、前出の第六・第七航空師団を合わせた第四航空軍を置き、これら全部を合わせると、第一八軍だけで十五万人以上に上り、太平洋方面では最大の陸軍集団になった。

ラバウルから到着する軍需品を集積・分配するニューギニアのウェワクには陸軍第二七野戦貨物廠本

廠が置かれ、広大な兵站基地が附属したが、近くのハンサ湾の支廠は飛行場つきでもっと大きかった。ここからニューギニア各地に軍需品が配送されたが、ニューギニア戦を支えるために、日本軍もこれほど大規模な兵站基地を設けたことに畏敬の念すら覚える。精神主義を看板にした陸軍だが、戦地には近代戦にふさわしい施設や機関を置き、三年に近いニューギニア戦の心臓に当たる役割を持たせた。

第一八軍の三個師団は、一九四三（昭和十八）年六月から一九四四（昭和十九）年八月にかけ、安達二十三《はたぞう》司令官の下で激しい攻防戦を繰り返しながら、サラワケット越え、フィニステール山脈縦断、セピック川沼沢地横断の途中に地獄絵図を思わせる光景を残しながら西へと後退を続け、その間に十五万人から五万人までに激減した。一九四四（昭和十九）年七月から一ヶ月間、東西ニューギニアの境界に近いアイタペで最後の戦いをしている。太平洋方面では、十八年秋以降、連合軍の攻勢のために日本軍は防戦一方になっていたが、アイタペでは、日本軍が前線近くに軍需品を集積し、綿密な作戦計画を立て、攻勢をかけた最後の戦いが行われ、とうとう三万人ほどになってしまった。

四　戦況を左右した航空隊

米豪連合軍が東から西へと日本軍を押し続けたのが、ニューギニア戦の基本的構図である。険しい山脈とジャングルが大半を占める地理的環境の中で、縦横に活動したのが航空隊であった。山場となる航空戦を語る前に、少し細かいが現場の話からはじめたい。

日米機の机上性能にはあまり差がないが、日本機の方は旋回性能や航続距離に優れ、米軍機は頑丈で爆弾搭載量が多いといった違いがあった。しかし、戦場で使用する場合、数字に表れない差が大きな結果につながった。頑丈につくられている米軍機は南洋の気候の中でも故障が少なく、始動スイッチ一発で確実にエンジンがかかり、出撃回数が日本機を大幅に上回った。戦地で重要なのは、故障が少なく稼働率が高いことであったが、この面での米軍機はすばらしかった。日本機に求められる繊細な取扱いは最前線の戦場では難しく、飛べないために飛行場に機体を晒すことが多かった。米軍は、不調のエンジンを外した日本機を首なし飛行機と呼んだ。

航空機は常に飛んでいるわけでなく、地上で翼を休めている時間の方が長いため、地上でやられる確率がどうしても高くなる。いくら速く、旋回性能が良く、空中戦に強くても、地上で攻撃を受ければ手も足も出ない。地上にいる飛行機を叩くのも航空戦の一環である。レーダーと直結した警戒態勢を整備し、いち早く上空に避難させたり、掩体壕に入れるなどの対策が講じられていれば被害を減らすことができるから、これも航空戦には欠かせない要素の一つである。確かなデータはないが、日本の飛行機は、空中戦での戦いより地上にいるときに破壊されたものの方がずっと多かった。

米豪軍の飛行場に比べて日本軍の滑走路は短く、その上、戦地では土木工事能力の関係で誘導路も掩体壕もない狭い飛行場が多かった。飛行機は、風向きによって滑走路の右端か左端を選んで飛び立つが、右端か左端への移動には誘導路を使う。しかし、戦地の狭い飛行場には誘導路がなく、滑走路を誘導路代わりに使った。飛行機が左右の端まで行って一周して向きを変えるため、滑走路の両端が鉄アレイのように丸くなっている。滑走路を移動に使うため、離陸時の混雑ぶりは想像するまでもない。ま

東部ニューギニア地図

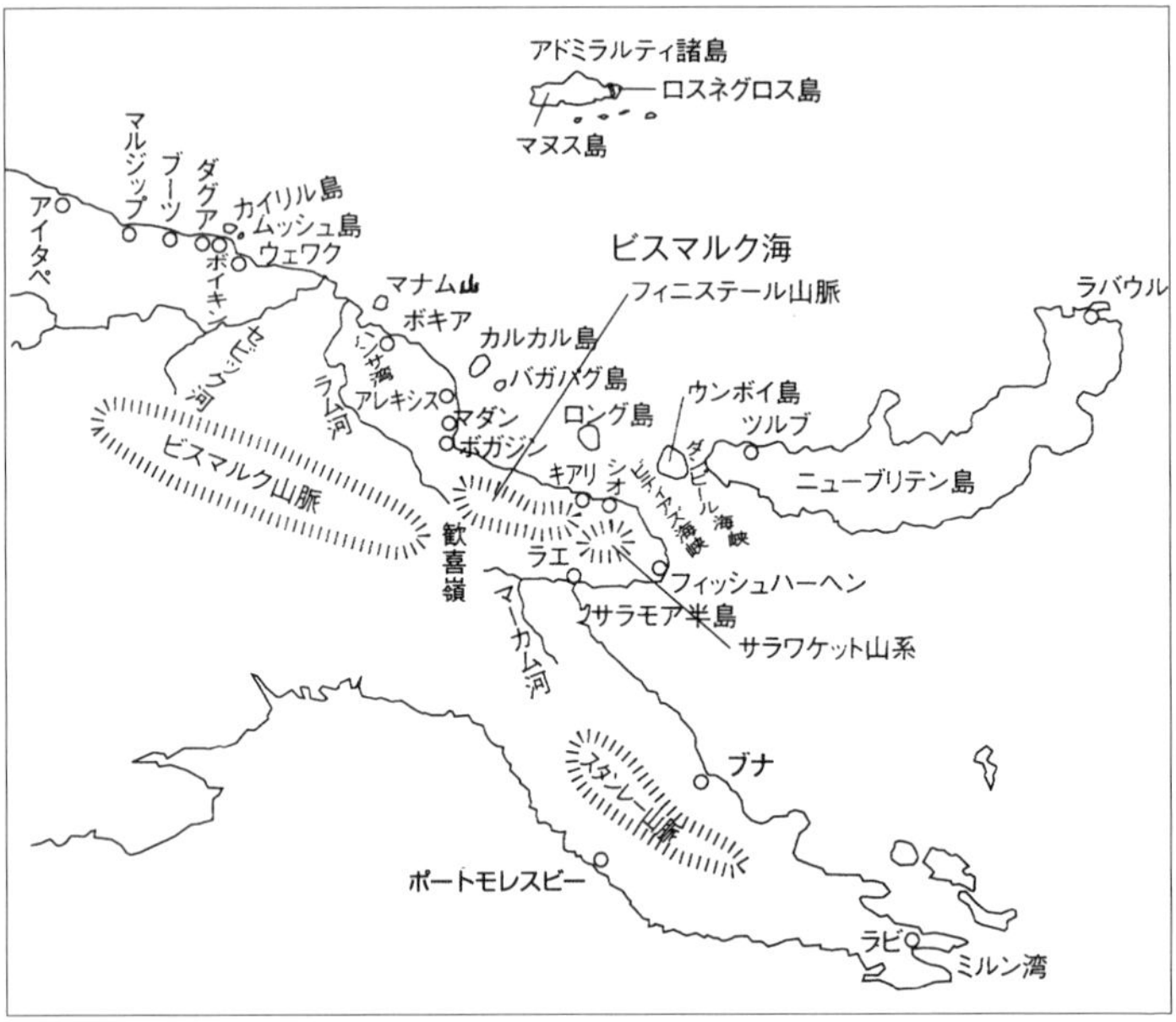

た、掩体壕もないから、滑走路の両脇に一列二列にならんで駐機することが多く、不用心も甚だしかった。

一九四三（昭和十八）年四月から五月にかけて、陸軍航空隊が遠く離れた内蒙古や満洲から続々とラバウルやニューギニアに進出してきた。第六航空師団は、ラバウルのほか海軍が整備したマダン、アレキシスの飛行場に展開してサラモアの戦いに参加し、同年六月末から七月初めにかけて米豪軍陣地や米軍飛行場に攻撃をかけた。陸軍航空隊が、もっとも華々しい活動をした時期である。遅れてニューギニアに入った第七飛行師団は、六月から七月にかけてニューギニアのウェワク、ブーツの飛行場に展開した。飛行場の建設が遅れ、地上に大型機を整列させるだけでも困難であったが、間もなく第六飛行師団の作戦に参加するようになった。重爆撃機の登場は、米豪軍に少なからぬ脅威を与えたはずだが、日本の重爆は、大型機が多い米軍機の中では中・軽爆撃機に相当し、爆弾搭載量も少なかったので、あまり警戒されなかったのかもしれない。

米豪軍は、陸軍航空隊のニューギニア展開が進行中と判断し、展開が終わるまで叩くのを差し控えていたらしい。日本機の来襲が察知されると一斉に上空に退避し、反撃もせず日本機が飛び去るのを待って戻ってきた。この間、日本機の方が積極的に行動したために、ニューギニアの制空権が日本側にあるかのように思われた。

日本と米豪航空隊の攻守が入れ替わった転換点は、一九四三（昭和十八）年八月十六日から十八日にかけての米軍機主体の飛行場攻撃であった。米軍は偵察を繰り返し、地上の日本機が狭い飛行場にぎっしりと並び、空からの攻撃に無防備であることを見抜いていた。十六日夜明け直後、中型爆撃機三十数機がアレキサンダー山系を超低空で飛び超え、突然、ウェワク西飛行場とブーツ飛行場の前方に現れたかと思うと、パラシュート付きの小型爆弾を次々に落とし、アッという間に飛び去った。その直後、着弾した爆弾が次々に爆発し、飛行場全体が火焔と煙に覆われた。わずか数十秒の出来事であった。超低空爆撃は正確だが、破裂した爆弾の衝撃波に爆撃機自身がやられる危険があり、少しでも爆発を遅らせるためにパラシュートを付けて投下したのである。爆撃は飛行場というより飛行機の列に対して行われ、一通過の爆撃で地上にあった三分の二が瞬時に破壊もしくは出撃不能になった。

十七日午前八時、米軍機の来襲をレーダーが探知したが、両方の飛行場から迎撃に離陸できたのはわずか二十三機に過ぎなかった。米軍機は再びパラシュート爆弾を投下し、地上にあった修理可能機が次々と破壊された。この二日間の爆撃によって、第六飛行師団と第七飛行師団の合わせて二二五機が大破し、運良く難をまぬかれたのは三十数機になってしまった。攻勢作戦はおろか迎撃もできない状態になり、制空権を完全に喪失したことは誰が見ても明らかであった。米軍の爆撃を直接体験した航空情報隊中隊長の山中明は「この瞬間こそが日本陸軍航空敗北の第一歩であり、このときより以後、日本は降伏するその日まで、ついに制空権を掌中におさめることができなくなった」と評している。

陸軍航空隊の威勢がよかったのは、進出後の三ヶ月程に過ぎなかった。これに対してラバウルの海軍航空隊の方は劣勢ながらも、まだ、飛来する米豪軍機と戦う能力を維持し続けていた。敵機来襲に備えた掩体壕も少ないながらもあったし、迅速な退避行動ができていたからである。ラバウルを補佐するため、近隣のブーゲンビル島のブインやバラレ島に飛行場を置いたが、ひた寄せる米軍の圧力に屈して航空隊を失うか、飛行場が使用不能になり、一九四三（昭和十八）年十一月には、隣にあるブーゲンビル島のタロキナに上陸を許し、ラバウルを守るのが精一杯になった。

ラバウルの各飛行場にあった飛行機は、この四三年秋頃には一八〇～二五〇機程度になっていたと推計されている。陸攻機が日に日に減少して戦闘機ばかりになっていたため、タロキナの米軍に対して攻撃をかけにくくなっていた。それでもラバウルの航空戦力は、それまで攻勢作戦を続けてきた連合軍にとって大きな脅威で、なぜかマッカーサーは極端に恐れていた。

ラバウルのあるニューブリテン島以西の海をビスマルク海と呼ぶが、マッカーサーがフィリピンに進攻し、日本本土に向かうとすれば、一日も早くビスマルク海に入り、フィリピンに向かう態勢を整える必要があった。しかし、翌一九四四（昭和十九）年になっても連合軍は、日本軍がラバウルからの軍需品の受入港にしていたニューギニアのハンサ湾やウェワクに激しい爆撃を繰り返すものの、地上軍を進めようとしなかっただけでなく、ビスマルク海に進攻する気配さえなく、消極的すぎるように見えた。

その要因は、ラバウル航空隊に対する臆病ともいえる警戒心にあったといわれる。過去二年間あまり、日本軍の戦いはラバウルを拠点に続けられ、ラバウルとその周辺にある五ヶ所の飛行場に展開する海軍航空隊が、日本軍を支えてきた。高い技能を有する海軍パイロットの駆使する零戦が二百機近く残っていては、米豪軍はどうしても二の足を踏んでしまう。

それだけでなくラバウルには、ソロモン諸島やニューギニアに送られるはずであった六万人とも七万人ともいわれる陸軍部隊が駐屯し、大量の武器弾薬が集積されていると推測され、手をつけると大やけどをするのではないかという懸念があった。敗戦後、ラバウルの降伏手続きを担当した豪軍は、陸軍海軍合わせた将兵が九万人、周辺の島々に配置した部隊を併せると十一万人に上り、さらに、おびただしい量の武器弾薬、広大な兵器造修施設を見てびっくりしている。

米豪航空隊は何度となく大空襲を仕掛けたが、完勝した実感を持てなかったことが、ラバウル航空隊に対する苦手意識を増長させた。ラバウルはニューブリテン島の北端にあるが、一九四三（昭和十八）年十二月、米軍はビティアズ海峡を押さえるためにこの島の南端に近いマーカス、ツルブに上陸したが、ラバウルからの攻撃を警戒し、北上しようとしなかった。

ソロモン諸島の戦いを終えた連合軍は、その延長として翌一九四四（昭和十九）年二月にラバウルに近いグリーン島に上陸、いつでもラバウルを攻撃できる態勢を整えた。だが、意地の悪い見方をすると、ラバウルに手をつけるのが怖いので、少し離れたグリーン島に上陸して様子見をすることにしたという解釈ができなくもない。マッカーサーをはじめとする南西太平洋方面軍のラバウルに対する警戒心は尋常ではなかった。ところが、グリーン島上陸の二日後に行われた新鋭米機動部隊によるトラック島空襲は、信じがたい連鎖を引き起こした。

一九四二（昭和十七）年十月の南太平洋海戦のあと、日米機動部隊はともに再建期に入り、太平洋上から航空母艦の姿が消えた。両海軍ともに、大戦中戦い続けていたイメージが定着しているが、米海軍には一年三ヶ月以上もの冬眠期間があったし、日本海軍の冬眠はさらに数ヶ月長かった。この間、太平洋戦線は休戦状態にあったわけでなく、両陸軍と陸海航空隊がニューギニア・ソロモン方面で死闘を続けていた。とくに、一九四三（昭和十八）年のニューギニア戦は激戦が連続し、マッカーサーや連合軍南西太平洋方面軍の幕僚たちは、海軍が戦えなかった間、自分たちが連合軍を支えた意識が強かった。

米海軍の再建期に建造されたエセックス級正規空母は、以前のものより大型化し、搭載できる飛行機も百機近くになった。艦橋上のマストにはアンテナ類がぎっしりと取りつけられ、ソフト機器の充実という新しい潮流が起きていることを印象づけた。艦載機も新鋭のグラマンＦ６Ｆに代わり、これには零戦も歯が立たなくなった。エセックス級四隻を含む空母九隻を中心とした新時代の米機動部隊が、一九四四（昭和十九）年二月十七日、連合艦隊が前進一大拠点と思い込んでいたトラック島を襲った。

少し前に米機のトラック島偵察飛行があり、襲撃が近いことを察知した連合艦隊司令部は一旦東京へと避難し、主力艦も内地及びパラオに退避させたため、同島に残ったのは、この地域を担当する第四艦隊と南西方面艦隊所属機のみであった。レーダーが米機襲来の三十分も前に探知したが、日本の問題点はレーダーがつかんだ情報をいち早く知らせる通信網の欠如であり、折角の情報を生かすことができなかった。戦後、レーダー開発の遅れが敗北につながったという論調が盛んになったが、レーダーのようなソフト機器はシステム化されてはじめて威力を発揮するもので、こうした思想が著しく欠如していた日本では、折角配備されても宝の持ち腐れになる例が多かった。

トラック島内には可動機だけで一七四機もあったといわれるが、短時間のうちに、地上にあったところを次々破壊され、運良く上空に上がった飛行機もいとも簡単に撃墜された。実戦経験がほとんどなかったのが一因と見られる。たまたま、来島していた陸軍参謀次長の秦真次や作戦課長の服部卓四郎らは、あまりのふがいなさに海軍の戦う気を疑った。二日間にわたる空襲で組立中及び修理中も含めて二五〇機はあったろうといわれる飛行機は全滅し、湾内にいた艦船も三十四隻が撃沈され、備蓄の食糧二千トン、燃料一万七千トンを失う惨憺たる有様になった。

この報告は、直ちに東京にいた連合艦隊司令長官古賀峯一のもとに届けられた。古賀は、すぐさま軍令部総長を兼任する嶋田海軍大臣に報告するとともに今後の対策を相談した。その結果、海軍最大の危機であるという認識で一致し、午後早くラバウル航空隊全機のトラック島移動を命じたのである。たまたま、東京に居合わせた南東方面艦隊参謀長の草鹿龍之介だけが猛然と抗議したが、聞き入れられなかった。

今日に至るまで、この海軍首脳部の判断と古賀の命令について検証が加えられたことはなく、旧海軍軍人たちは当然の命令として話題にもしてこなかった。だが、この命令は海軍が犯した最も大きな誤りの一つであったと考えられる。草鹿だけでなく、南東方面艦隊参謀副長として草鹿龍之介の下にあった富岡はこの報をラバウルで聞いたが、絶句したままであったといわれる。

わからないのは、古賀をはじめとする海軍首脳らの戦争観である。古賀らが、艦隊決戦主義を遵守し、艦隊決戦を担う連合艦隊の前進基地であるトラック島こそ最も重要な拠点と認識していたことは間違いない。だが、実際に戦争がはじまってみると、基地航空隊を中心に展開される島嶼戦という予想しなかった戦いが展開され、ラバウルが島嶼戦の一大拠点となって二年以上にわたる島嶼戦を支えてきた。

一方のトラック島は、本土とラバウルの中継基地的役割が主なもので、直接戦闘が行われることもなかった。それにも関わらず、海軍の頂点に立つともあろう者たちが、ラバウルを捨てトラック島を死守する決断を下したことは、戦争の大局がまったく見えていなかったことを暴露している。

連合艦隊司令長官の命令を受け、ラバウル航空隊は順次トラックに向けて移動を開始し、一週間ほどで終了している。トラック島に連合艦隊司令部が残っていれば、まだ、軍事的価値もあっただろうが、それもなければ同島の軍事的価値は極めて小さい。元々、果たす役割が少なかったトラック島に移動したラバウル航空隊にはやることがなく、無価値になった島で無為に日々を過ごしたのち、再び各方面に移動して消えていった。

この動きを連合軍南西太平洋軍の情報部も直ちに察知したが、常識的に有り得ない動きだけに、マッカーサーも幕僚たちも日本軍の真意を測りかね、何かをたくらむ偽装工作ではないかと疑う意見が強かった。ニューギニア・ソロモン方面の島嶼戦を支えてきたラバウル航空隊の援護がなくなると、この戦場を維持することが困難になるだけだから、司令官が発狂でもしない限りそのような馬鹿げた決定をするわけがない。どう考えても納得できる理由が見つからなかった。

日本海軍の首脳陣は、開戦から二年以上も経て、どのような戦争になっているか全体像が見えていたはずのこの時期に、連合軍側にもまったく想像できない考えで戦争に臨んでいたのである。米艦隊撃滅を使命とする連合艦隊の行動を支える南太平洋の拠点がトラック島であり、対米戦が米艦隊との決戦で決まるのだとすれば、そのときまで何としてもトラック島を持ちこたえねばならない、ざっと、こんな考えであったにちがいない。

大局を見る、時間とともに進む変化から全体の流れを摘むことに不慣れな海軍首脳は、戦いの主体が連合艦隊による米艦隊追撃戦でなく、ニューギニア・ソロモン方面に飛行場網を置いた基地航空戦に代わっていたこと、そのため作戦拠点がトラック島からラバウルに移ってしまったこと等がまったく理解できていなかった。つまり、艦隊の戦いとは別に、島嶼戦という新たな戦い、新たな戦場が出現し、現実にはこちらの戦いに重心が移っていたにも関わらず、海軍首脳にはこの変化が読みとれていなかったのである。おそらく島嶼戦、基地航空戦を、艦隊決戦の機会が来るまでの小競り合いぐらいにしかとらえていなかったのだろう。

さらにラバウルの存在によって、ニューギニア・ソロモン方面の戦線が二年以上も維持されてきた事実も理解できていなかった。ニューギニア・ソロモン方面に配置された兵力は陸海軍合わせて二十五〜三十万人（太平洋方面の三分の二）に達していたが、文字通りラバウルが彼らを養い、彼らの戦いを支えてきていた。古賀にも海軍首脳にも、ラバウルが海軍だけでなく陸軍の作戦や両軍将兵の生活維持にとって不可欠な拠点だという認識が少しもなかったらしい。陸軍がこの地域にいるのは、海軍の援軍要請に応じたためであって、海軍は陸軍のためにもラバウルの機能を守る義務があったはずである。

ラバウル航空隊がいなくなった事実をどうしても信じられなかったマッカーサーに対して、幕僚の一人が、航空隊がいなくなったことを確認するため、ビスマルク海の要衝であるアドミラルティー諸島の中心であるマヌス島に上陸作戦をやってみてはと提案した。マヌス島は、ラバウルとニューギニア・ハンサ湾を結んだ線の中間辺にあり、ラバウル・ニューギニア間の補給線を警備し安全をはかる絶好の位置にあった。もしラバウル航空隊移転が欺瞞であれば、マヌス島に近づく米軍を航空隊が黙って見逃すはずがないと考えられた。

一九四四（昭和十九）年二月二十九日午前八時過ぎ、米第五騎兵師団の一部がマヌス島とは幅十メートルほどの水路で隔てられているロスネグロス島に上陸した。比較的遅い時間を選んだのは、反撃を受けやすい時間の方が日本軍の態勢がよくわかり、万一、反撃を受けたときにも撤収し易いという配慮からであった。実際に上陸してみると、日本軍守備隊の軽微な反撃があっただけでラバウルからの航空機の飛来はなく、ラバウル航空隊の移転を確信することができただけでなく、長い間の念願であったアドミラルティー諸島の攻略とビスマルク海進出を果たすことができた。

それまでマッカーサーが常に意識していたのがラバウル航空隊の存在であった。日本軍が劣勢に陥っても、ラバウル航空隊が存在する限りニューギニア西進を阻まれ、警戒心を解くことができなかった。そうならば、米軍がニューギニア戦・島嶼戦の勝利を確信したのは、一九四四（昭和十九）年二月下旬に最大の脅威であったラバウル航空隊がいなくなったこの時であったといえるかもしれない。ラバウル航空隊の呪縛から解放されたマッカーサーは、はじめてフィリピン進攻、日本本土上陸を展望し、その道のりを計算する余裕が生まれ、〝I shall return〟を実行するレイテ上陸作戦計画の立案が可能になった。

こうして、マッカーサーの南西太平洋方面軍はビスマルク海に拠点を得て、フィリピンを目指して直線的に西進を開始した。当初、日本軍が東部ニューギニアの拠点の一つにしていたウェワク進攻を計画していたが、この計画を破棄して一気にアイタペに進み、さらに、西部ニューギニアのホーランディアへと飛び石作戦を本格化させた。一九四四（昭和十九）年五月にはワクデ島、ビアク島を落とし、西部ニューギニアを守る第二方面軍第二軍の防衛態勢を短時間で瓦解させた。七月末には、西部ニューギニアの西端に近いサンサポールに上陸し、さらにモロタイ島の南端に取りつき、両地にフィリピン攻撃を目的とする巨大な飛行場の建設に取り掛かった。

二年以上に及んだマッカーサーの東西ニューギニア戦は、モロタイ島上陸を以て事実上の終了となった。だが、ウェワク方面に取り残されていた安達二十三隷下の第一八軍は、アイタペに五万人近い兵力を集中して反撃作戦を試みた。一九四四（昭和十九）年七月から八月までの一ヶ月間、ドリニモール川の西岸を守る米軍に対して、夜間の吶喊《とっかん》攻撃を繰り返し、一進一退の激戦を続けた。将兵二万人近くを失い、弾薬・食糧が尽きて作戦は中止されたが、立案した作戦計画に基づき、日本軍が攻勢をかけた太平洋方面における最後の本格的作戦であった。連合軍の先鋒ははるか遠くへ西進し、日本軍がアイタペで勝利を収めても戦況に変化があるとは思えなかったが、日本軍の意地を示した戦いとして記録に留めるべきであろう。

一九四二（昭和十七）年夏以来、一年半かけておよそ四百キロしか進めなかったマッカーサーの軍は、ラバウル航空隊がいなくなったあとの五ヶ月間で約千五百キロ以上を猛進した計算になる。それまでの進攻ペースからみて、まだ一、二年はかかるかと推測されたニューギニア戦を半年以内で終え、マッカーサーの宿願であったフィリピン上陸を一九四四（昭和十九）年十月に果たすのである。ラバウル航空隊移転の決定は、連合軍の西進に道を開き、ニューギニア戦の敗北を早め、米軍のフィリピン来攻を大幅に早めた紛れもない日本軍のオウンゴールであった。古賀の決断は、ポートモレスビー戦及びガ島戦以降の大勢を完全に見誤り、夥しい犠牲を払いながら戦ってきた陸海軍将兵を裏切るものであった。とくに、陸軍将兵が勝手にこの地域に入ってきたのならともかく、海軍の強い要請によって来援したことを知らないはずはあるまい。

山本五十六の戦死後、もう一人の候補よりも人柄がよいという理由で古賀が選ばれたと伝えられるが、もしそれが本当ならば戦時であることを忘れて行われた人事としか思えない。ラバウル航空隊の移転は、古賀が海軍首脳とはかって決めたことで、はからずも海軍中央の首脳たちも戦争の大勢が見えていなかった上に、連合艦隊が艦隊決戦で何とかしてくれると信じる時代錯誤の人たちばかりであったことを明らかにした。「将功なりて万骨枯る」とは、正しくこうしたことをいうのだろう。

戦後の日本人にとって、トラック島といえば、空襲の恐れのない湾内に「大和」「武蔵」がのんびりたむろしている光景を思い浮かべ、その雰囲気がそのままトラック島のイメージになっている。古賀の戦況認識からして、連合艦隊司令部もその雰囲気のままで、ラバウルを中心とするニューギニア・ソロモンの戦いを他人事のように眺めていたのかもしれない。他方、ラバウルといえば、海軍航空隊がガ島に向けて飛び立つ光景か、出撃前の日本軍を狙って来襲する米豪軍機を零戦が迎撃して撃ち落とす華々しい空中戦、大空を暗くするほど敵機向けられた激しい対空砲火のイメージであろうか。

出撃拠点と航空最前線の二面性を持つラバウルでは、昼間は華々しい空中戦が繰り広げられ、日が暮れるとともにシンプソン湾にひしめく輸送船は一斉に貨物の積み込みを開始し、出撃する将兵を乗せ、夜陰に紛れてつぎつぎ出航するのが日常の光景であった。やがて、夜になっても出航を妨害しようと敵機が来襲し、片時も緊張を解くことができなくなったのがラバウルであった。

トラック島とラバウルは直線距離にして一五〇〇キロ弱、開戦前に予想された拠点がこの距離だけ変わったに過ぎない。広大な太平洋からすればわずかな距離だが、時代錯誤の艦隊決戦を求める連合艦隊のたまり場であったトラック島、島嶼戦のまっただ中に置かれた一大後方拠点かつ航空最前線の二つの使命に休む間もなかったラバウル、この両者の戦いに果たした役割には、天と地ほどの差があったのである。

開戦後、二年以上も過ぎてくれば、この戦争での主戦力、主たる戦場、主たる戦闘形態、戦備で欠けているもの等々、おおよその傾向と問題点が見えてくる。開戦前の海軍の方針や海大の研究・教育が実戦の結果と違っていたとき、大急ぎで修正・変更を加え、その内容を各指揮官で検証しなければならない。また、一戦ごとに出てくる教訓も、大急ぎで精査して、海軍内で共有しなければならない。こうした努力を欠くと、戦争の大勢が見えない指導が行われることになる。

古賀らを含めた海軍首脳は、学業優秀者にありがちな既存知識を忠実に引き継ぐ傾向が強く、これまでに習ったことを修正し、新たな解釈や指針に変えることが苦手であった。戦時における変化は平時の何倍も早く、ときには劇的な変化もあった。欧米では、科学技術の発展にともない組織制度が劇的に変わることが珍しくないが、伝統や先人の教えを尊重し、既存の組織制度の継承に熱心な日本人は改変に慎重で、その最たる事例が艦隊決戦論や連合艦隊といえるのかもしれない。

ようやくビスマルク海に拠点を得たマッカーサーは、宿願であったフィリピン帰還が近づいたことを実感したにちがいない。アイタペ戦が終了する一九四四（昭和十九）年八月初旬頃から、西部ニューギニア・ホーランディアのフンボルト湾とマヌス・ロスネグロス島の湾内に、続々と米軍上陸用舟艇が集まってきた。厖大な必要数を満たすため、中にはノルマンディー作戦が終了したヨーロッパ戦線から遥々両洋を越えてきた大型上陸用舟艇も含まれていた。将兵や大砲弾薬を満載したこれらの舟艇がニューギニアを離れ、フィリピンに向けて動き出したのは十月初旬。全部が出て行くまでに数日を要し、艦列は水平線の彼方までつながって見えたというのが現地の古老の話である。

第五章　戦後中国の南方進出政策

一　米豪遮断策の効果と困難

中国の南方進出が顕在化してから、まだ、三十年にも満たないが、無論その前から徐々に進められていたであろうことはいうまでもない。東南アジアには、ずっと以前から「華僑」と呼ばれる中国出身移住者が数多く居住し、彼らを情報網として使う方法や各諸島の政治に圧力を加える方法もあるから、これを利用していたと考えがちである。しかし、華僑の生活基盤は移住先の社会にあり、彼らをして中国の手先と決めつけるのは危険である。

華僑の観察が絶対正しいなどというつもりはないが、一般の日本人より遥かに世界情勢に詳しいし、アジア、とくに中国の動向については多数のニュースソースを持っていて、細部まで知悉し、客観的分析を通して非常に正確な認識を持っている。それは彼らが現地で生き残るために培ったスキルであり、かつての母国に貢献するために身につけたものではない。

そんな彼らは、最近の中国の南方政策に関して強い警戒感を持ち、中国人の大量進出を歓迎するどころか、自分たちの生活基盤さえも破壊することになりかねないと感じている。ニューギニアでは、戦後進出してきたマレーシア系華僑が経営するパーム椰子農園、製材工場が少なからずあり、戦前から居住していた現地華僑に比べ活発に経済活動をしているため、両者の間には微妙な意識のズレがあるようだが、深刻な対立はないと聞いた。

これに対して、近年、小売店舗を構えて商業を営み、耕地を取得して農業を営み、日用雑貨の工場、鉱山や採掘場を経営する大陸系中国人が一気に増えてきた。先住の華僑が警戒している一要因は、彼らが自己責任で来たのではなく、国の後押しを受けて来ているらしいということで、中国の国策が見えてこない現状では、警戒するほかないのであろう。移住者に個人の希望、自由な判断がどの程度許されているのかは知る由もないが、中国政府の対外戦略に基づく南方政策の下、国家が旅費・事業用経費を負担し、係官の指示を受けてやって来ているのではないかと疑われる。その数は年々増える一方で、人口があまり増加しない現地人を凌駕してしまうのではないかと危惧してしまうほどだ。

中国政府が進める南方政策の大要はどんなものか、当面の狙いはなにか、究極の目的はなにか、具体的なことは想像するほかない。中国海軍が太平洋の地図に第一列島線、第二列島線、最近では第三列島線まで書き込み、段階的に進出する方針であることを公言し、二〇二〇（令和二）年九月に第三列島線付近で艦隊演習を実施するなどとマスコミ発表しているのは、多分に政治外交上のデモストレーションだが、将来の目標にしているのではないかと思わせる効果を持っている。

それよりも何らの説明もなく、黙って既成事実を積み上げ、現地社会に隠然たる発言力を持ちはじめることの方が脅威である。東南アジアはともかく、オセアニアに属すニューギニア・ソロモン方面は、今日の日本にとって情報の真空地帯で、この地域に特派員を置いてニュースを集める日本の通信社や新聞社はなく、もっとも関係の深いはずのオーストラリア系通信社も手薄である。日本のマスコミでこの地域のニュースを取り上げるのは稀で、地震が起きて大津波が発生したときぐらいしかニュースになったことはない。スマートフォンやパソコンを使えばインターネットですぐに世界中の情報が取れると考える人が多いが、ニュースを見つけて発信してくれる人がいなければ、ニュースは流れてこないのである。

ニューギニア・ソロモン諸島をはじめとする南西太平洋方面に対する世界の関心は薄く、しかもニュースを見つけて発信してくれる人も少ないから、この地域に関するニュースにはめったにお目にかかれないことになる。中国がその辺の事情を知った上で活動を強めているとしたら、その活動はよほど計算を尽くしたものであろう。ニュースにならないことを計算して、諸外国が気づかない間に中国人の生活圏や事業を広げ、現地人が中国人なしでは暮らしていけないような社会になるのを企図しているのかもしれない。

これまでのところニューギニア・ソロモン諸島をはじめとする南西太平洋方面に中国人を送り込んでくる中国政府の意図について、日本やアメリカの国際政治学者らはまったく関心がないらしい。すでに農業や小売業のために住み着いた中国人は己の立ち位置を自覚し、彼等から微妙な背景を聞き出すのは難しくなっている中で、筆者には、当地の華僑が語った〝この地域の重要性を教えてくれたのは日本軍でしょう〟がどうしても引っ掛かってきた。華僑の認識が絶対に正しいというわけではないが、おそらく華僑は、新来の中国人との遣り取りの中から、中国がやろうとしていることが、太平洋戦争におけるこの方面の日本軍の戦いをヒントにしていることに気づき、日本人に警告を発するつもりで独り言のようにつぶやいたのではないか。

中国の太平洋進出政策は、どのような方法をとっても超大国であるアメリカとの対決になってしまう。太平洋へ出ようとすると、必ずアメリカが立ちはだかる。アメリカと対立することが必定であれば、どの方向を目指せばアメリカとの摩擦をわずかでも減らすことができるか、どうすればアメリカの反発を避けられるか、といった選択肢を考えてきたとき、太平洋戦争史やニューギニア・ソロモン諸島方面における日本軍の戦いの歴史が大いに参考になったと見られる。とにかく、太平洋をめぐってアメリカと全面対決したのは日本軍だけであり、ニューギニア・ソロモン方面で歴史に残る戦いをしたのも日本軍しかなく、結局、太平洋戦争史、日本軍のニューギニア・ソロモン方面の作戦計画や戦闘史を調査研究せざるをえなくなったにちがいない。

〝情報〟〝情報〟と大騒ぎする時代。ニーズのある情報が多く流れ、ニーズのない情報が流れない現実の下では、人知れず進行し、やがて現実になるかもしれない新しい事態を情報から知ることは難しい。中国人の南方への進出に関する情報は、ニーズのない情報にピッタリ当てはまる。それならば、情報をあてにするより、中国が参考にしたと考えられる太平洋戦争、わけても強い関心を示したと思われる南シナ海進出の経緯や、ニューギニア・ソロモン方面への進攻とそれに続く連合軍との激しい攻防の歴史を振り返り、中国の南方進出策の形成に影響を与えた要素をさぐった方が有益な成果を得られるかもしれない。

かつて日本軍がニューギニア・ソロモン方面に大軍を投入した目的は、米軍がオーストラリアを拠点に反攻を開始すると予想されることから、米豪連携を遮断し、米軍の反攻を阻止または遅らせることであった。延べにして推定二十五万人もの大兵力を送り込み、その八割五分から九割強を失う激戦を繰り広げた理由について、華僑が「あれほどの大軍を送って戦い続けたのですから、日本にとってこの地域は余程重要だったのでしょう」と語るのを聞いたところに日本人がいれば、己の無知・無関心を恥じたにちがいない。

戦前の日本でこの地域の重要性に目をつけていたのは、富岡や彼が信頼していた軍令部作戦課のごく一部の課員に限られていた。それならば戦後になって、富岡らの述懐や関係記録を拠り所としてニューギニア・ソロモン方面に大軍が送られた目的は何であったのか、これに対して米豪軍が反撃し、なぜあれほど長く激しい戦闘に発展したのか、こうした疑問について考え、あれほど沢山の日本人将兵が戦死した意味を知ろうと努力してきただろうか。日本人それぞれが戦争を総括し、新しい時代に向かってスタートしたはずだが、ニューギニア・ソロモン方面の戦いについて、どのような答えを見つけたのか、今日まで答えを目にしたことがない。

華僑の発言は極めて素朴な感想で、誰でも自然に抱く疑問である。しかし、戦後の日本人はあれ程の犠牲者が出ても、なぜあのようなところで戦ったのかについて考えることをやめてしまった。食べていくことに精一杯であっただけでなく、農地解放だの、財産税の支払いだの、息つく暇のないＧＨＱの政策に、落ち着く暇がなかったためかもしれない。一段落がついたあと、負けた戦いに何の価値があるのか、これからは経済だ、金儲けだといった声が大きくなり、歴史を振り返らないのが、戦後日本人の生活スタイルになったかのようである。そんな日本人を横目に、中国人は日本の近代の歴史から学び取れるものは何でも学んできたということであろうか。

日本軍があの地域で二十世紀の現代戦を繰り広げたのは紛れもない歴史的事実で、戦後の日本人は遺骨や遺留品の収集、慰霊碑の建立には熱心に取り組んできたが、肝心な歴史を残すことについては消極的であった。いや目をつむり、意味を考えないことにしてきたという方が当たっているかもしれない。

華僑の素朴な疑問を耳にしても、何と答えたらよいのか、口から出てくる答えは、何の知識も持ち合わせていないことを白状するだけだったろう。

ニューギニア・ソロモン諸島は、地理上、オーストラリアの外郭を形成し、同国に対する脅威の防壁を成しているように見える。太平洋戦争がはじまってみると、確かに予想通りの役割を果たした。この地域を日本軍が征服すれば、オーストラリアは防壁を失い、米豪間の通航を困難に、もしくは連携を遮断できることは、むしろアメリカやオーストラリアがはじめて気づかされたのではないか。このようなところまで大軍を送ってくる物好きな国が地球上にいるとは思わなかったので、これまで真剣に考えず、ろくな準備もしていなかった。日本軍の南下が、米豪連携の重要性とニューギニア・ソロモン方面が奪われると米豪連携が危うくなることを認識する機会になったことは否定できない。

富岡は、米軍の反攻・北上の作戦にとって、オーストラリアが不可欠であるという言い方をしている。アメリカの攻撃力の主体は大型爆撃機だが、これを大量に展開して作戦できるのはオーストラリアしかないと論じている。これとともに警戒していたのは、同じイギリスの植民地としてはじまり、同じアングロサクソン系で同じ言語を話し、価値観も政治思想にも共通点が多く、親近感だけでなく信頼感も持てる関係にあるオーストラリアとアメリカとが強固な同盟で結ばれることであった。アメリカとオーストラリアとが強固な同盟で結ばれないようにするため、両国の間に楔を打ち込む方法を模索したところ、わかってきたのが、ニューギニア・ソロモン諸島を押さえ、さらにフィジー・サモア島まで手を伸ばせば、米豪連携を遮断し同盟関係も阻止できることであった。

日米の太平洋をめぐる覇権争いをイメージすると、左図のような形になろうか。太平洋のかなりの部

開戦時における太平洋の勢力概念図

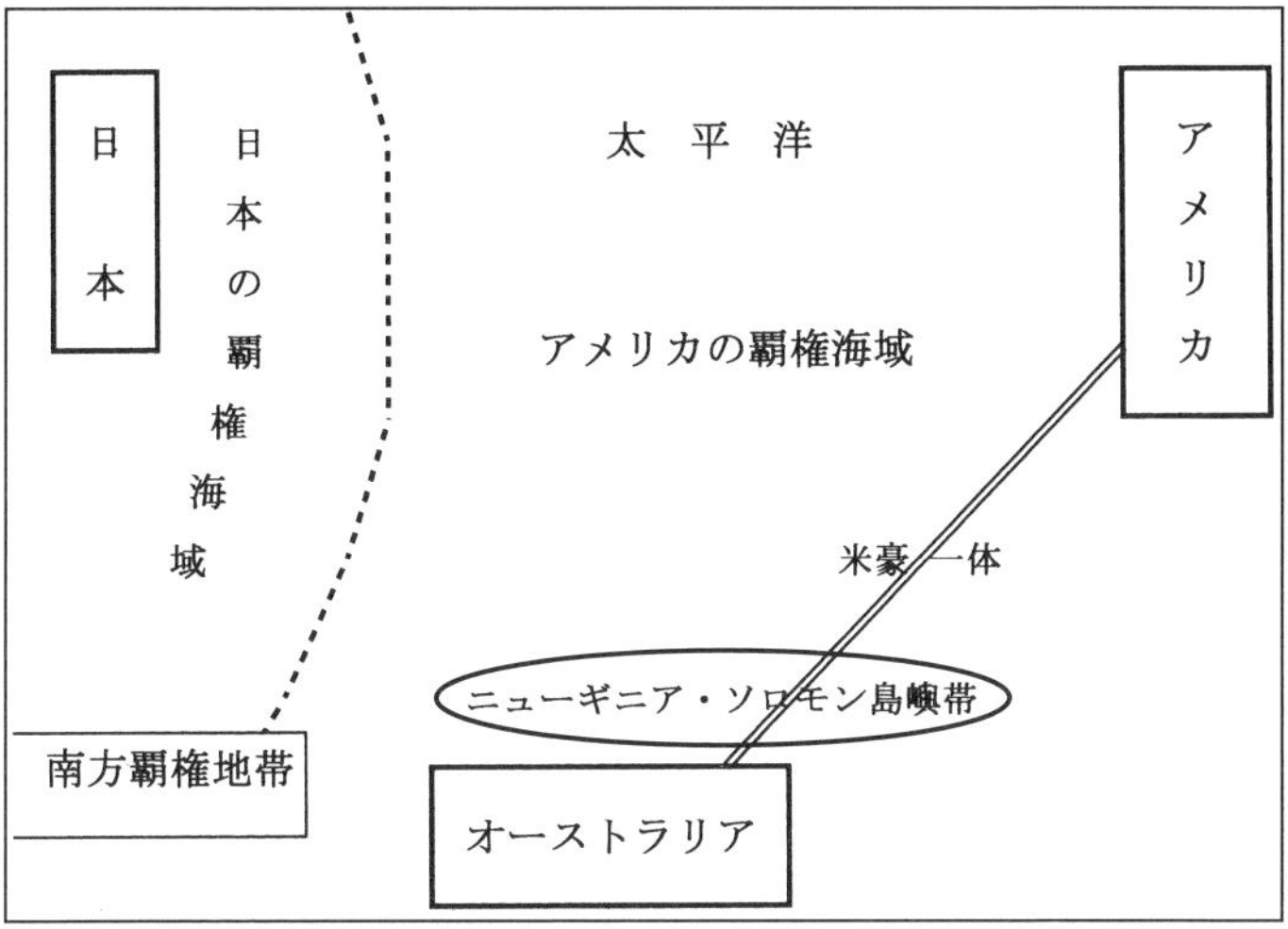

分がアメリカの覇権下にあると仮定し、とくに南太平洋は米豪連携によって、アメリカの覇権が堅固であった。アメリカは、オーストラリアとの親密な関係によってオセアニア全域だけでなく、日本がうかがっていた南方資源地帯、さらにはインド洋にも影響力を行使することができた。オーストラリアという盟友の存在によってアメリカは、南太平洋、オセアニア、東南アジア、インド洋に対して軍事的影響力を発揮することができた。なお、覇権という古風な表現の現代風訳語が見当たらないので、取り敢えず本論では〝制海権〟の意味にしておきたい。アメリカの太平洋における覇権にとって、米豪連携こそ核心部分であった。

マッカーサーはフィリピン脱出後、一九四二（昭和十七）年四月十八日、メルボルンで連合軍南西太平洋方面軍最高司令官に就任したが、そのとき、オーストラリア陸軍の中で精鋭の三個師団は北アフリカに遠征中で、国内には戦闘可能な師団はなく、米政府がチャーチルに約束した米増援軍のオーストラリア派遣もまだ準備中であり、マッカーサーはオーストラリア国内に残るわずかな戦闘可能部隊と比島方面から後退してきた米軍をかき集めて防衛態勢を作り出さなければならなかった。

しかし、オーストラリア防衛態勢がマッカーサーの指導で決まっただけでも、まだマシな方であった。この年の二月、三月頃には指揮系統すら未整備状態で、日本軍の小兵力が上陸しただけでも大混乱に陥っていたかもしれなかった。こうしたオーストラリア国内の事情を知る由もなかった海軍は、三月中旬に陸軍の強い反対に遭ってオーストラリア進攻作戦を断念したことは先に述べた。理由は前述のように陸軍の大陸作戦への消極姿勢にあった。これまで強気一点張りできた陸軍も、ようやく国力の限界が見えるようになり、二言目には繰り返していた精神力では、どうにもならない現実があることを理解できるようになっていた。

オーストラリア上陸を諦めても、米軍のオーストラリア集結、そこからはじまる反攻作戦を阻止するため、米豪遮断を実現する必要があり、オーストラリアを取り巻く島嶼壁、米豪間に散在する島々の奪取を諦めるわけにもいかなかった。これがニューギニア・ソロモン諸島及び以遠にある島々に対する日本軍の攻勢目的であり、連合艦隊が米艦隊に対して優勢な戦いを進め、基地航空隊が健在である間に、富岡らは何としても実現したかった。

ニューギニア・ソロモン戦がはじまってみると、日米両軍には似た問題があった。日本側からすれば海軍の担当戦場であったため、海軍陸戦隊と基地航空隊が主力で、陸軍はわずかな協力部隊がいるのみであった。他方、この地域を担当する連合軍南西太平洋方面軍は、米豪の陸軍部隊と寄せ集めに近い米陸軍航空隊が主体で、若干の海軍艦艇を加えて構成されていた。どちらもこのような構成が理想ではなく、如何に部隊をやり繰りするか、欠陥だらけの戦力をどのように使いこなすかというマネージメント能力を試される戦場であったといえよう。

戦闘に激しさが加わると、日本海軍は陸軍に援軍を要請し、陸軍三個師団と陸軍二個航空師団が投入された。これが陸軍部隊が本格的に太平洋の戦場に進出した最初である。明治以来、陸海軍は別々の戦場で戦ってきたが、このときにはじめて同じ戦場に立つことになった。立ってみると、それまで戦場では気にもならなかった統帥権体制が重くのしかかり、陸海軍の協力関係をことごとく阻害する原因になった。連合軍がマッカーサーの指揮下に米豪の陸・海・空の戦力を一体化して作戦を展開できたのに対して、日本軍の方は、陸海軍別々に指揮官を立て、それぞれの隷下部隊を率いて別々に戦い、協力するときには事前に協定を結んで行動しなければならなかった。どちらが有利か、説明する必要はあるまい。統帥権体制を変更できれば、不利な態勢を改めることが期待できたが、統帥権は天皇制の根幹をなすものであり、どれほど戦況が不利になっても簡単には手がつけられなかった。

もし、ニューギニア・ソロモン進攻作戦による米豪連携の遮断が実現すれば、オーストラリアの独立を危うくするばかりか、米軍の対日進攻作戦の実施を困難にし、アメリカの南太平洋における優勢が覆るかもしれなかった。米豪連携遮断に成功すれば、米軍の反攻を一、二年遅らせ、この時間を日本の陸海軍や政府が有効に生かすことができれば、違った情勢が展開する可能性が確かにあったことは否定できない。しかし、アメリカ本国を撃つ計画も能力もなかった状況を考慮すると、日本が勝利する確率が高まるわけでもなかった。

富岡らが、米豪連携遮断策が実現したあとについて、何を検討していたのかは明らかでない。米軍の北上を遅らせ、時間稼ぎをするのが自分らの仕事であり、その時間をどう使うかはそれぞれが考えてほしいというぐらいであったのではないか。米軍側から米豪連携が遮断された場合を仮定すると、南太平洋を経由する米豪通航ができなくなると、米東海岸から大西洋を南下し、アフリカ喜望峰回りでインド洋に進出するか、地中海からスエズ運河経由でインド洋に入り、オーストラリアに至る航路を使わざるをえなくなる。これだけ見ても、米豪連携の遮断がもたらす影響は想像以上に大きく、何でも計画できたことがわかる。

日本は中国本土での戦争で疲弊し、太平洋戦争開始の頃には、すでにジリ貧現象を見せはじめていた。米豪連携遮断策の成功に伴う一年、二年の時間を有効に生かせば、ジリ貧状態を緩和させるくらいの改善を望めたかもしれない。しかし、新鋭機を登場させる技術的蓄積がないことがはっきりしていたし、新鋭艦の建造も鋼材の不足からほとんど進んでいなかったことを考慮すると、とくに経済面における好転は難しかった。中国との戦争で疲弊した経済・社会をそのままに、さらに大掛かりな太平洋戦争に突入し、日常生活すら苦しい経済状態になっていたからである。

米豪連携遮断策は意図としては極めて優れていたが、遮断後に何をするか、成功によって生まれた時間をどう使うかといった総合的長期的な計画を準備しておかなければならなかった。ガ島戦を見るまでもなく、アメリカ側は、米豪連携遮断を恐れ、米豪連携を維持するためには、どれほどの犠牲も厭わない覚悟であったことがうかがわれる。富岡らが進めた作戦が、アメリカ太平洋戦略のキーポイントを衝いていたことは明らかだが、米豪連携ラインが日本本土から六千キロ以上も離れ、仮に遮断作戦が成功しても、その後この体制を維持することは、日本の戦力、国力の限界を超えていたことも明らかである。

二　戦後も太平洋戦略に欠かせないニューギニア・ソロモン諸島

米豪連携の重要性とニューギニア・ソロモン諸島の確保の必要性は、太平洋戦争の終結と共に忘れ去られてしまったが、米豪連携は静かに継続し、アメリカを中心とした太平洋の安寧に貢献してきた。ニューギニア・ソロモン諸島は世界の趨勢から外れた元通りの位置に置かれ、再び後進的社会に戻った。これといった産業もなく、域外からの経済進出も少なく、オーストラリア資本の経済支配が揺るぎなく続いてきた。冷戦時代の北半球における軍拡競争と厳しい政治的緊張も、この地域には波風一つ立てなかった。軍事的にも政治的にも完全な真空地帯であり、ニューギニアなどはわずか数百人規模の国軍しか持たなくても、独立の危機を感じないですんできた。二〇〇六（平成十八）年頃、事実上の宗主国であるオーストラリア政府の方針で、この一握りの国軍を廃止することになったという話を耳にしたことがある。それに反対の声が起きないほど、対外的脅威がないと考えられてきた。

近年、新聞の隅に数回載ったのは、土地所有権もないオーストラリア系の会社がブーゲンビル島の銅鉱山で勝手に採掘を開始し、民族問題にまで発展した事件である。もう少し早く起こっていれば、世界の民族主義運動の潮流に乗れたかもしれないが遅すぎた。こうした幸運もあって、十八、九世紀のインドを支配したイギリス人のように振る舞うオーストラリア人は、自国の安全保障を念頭に〝オセアニア圏〟の〝盟主〟として存在し、この地域を北半球の喧噪が嘘のような別天地として維持することができた。

静かなこの地域が賑やかになりはじめたのは、二〇〇五（平成十七）年前後からではないかと思っている。中国人が大挙して押し寄せるようになり、街の通りが急に賑やかになったのである。はじめは親戚の華僑を訪ねてくる観光客が主であったが、次第に増え続けて、その中から店舗を構え、農業をはじめるとして農地を購入する者が出てきた。日本に比べ、中国との距離はずっと近いから、まるで洪水のように入ってきた。

赤道直下での農業は、猛烈な勢いで伸びる雑草との闘いのようなもので、よほど強い意志を持ち、朝晩手入れを続ける勤勉さがあってもタジタジだといわれる。戦後、ラバウルで降伏した十一万人近い日本兵は、オーストラリア軍の方針で自給自足生活を送るため、郊外に広大な農園を切り開いたが、一晩で虫や鳥に食い荒らされ畑が丸坊主になったり、収穫物がなくなってしまったりしたことがよくあったという話を思い出した。広大な畑は、日本兵が帰国すると、たちまち雑草や灌木に覆われてジャングル化し、今ではどこを探し回っても当時の農園の面影さえ見つけることができない。結局、伝統的な焼畑農業しか残らないということなのだろう。

その後、中国人の農業が続いているか仄聞していない。農業をするというより、農地を買い漁るのが主な目的ではないかという見方もある。また、金や錫の鉱山を買い取って操業をはじめる者、森林を切り倒して製材をはじめる者がいると聞いた。近年多いのはパーム椰子農園の経営で、収益性は高いものの、土地の養分が吸い取られ、栽培終了後、当分の間、農業ができなくなってしまうそうだ。これまでマレーシア系華僑資本が栽培に積極的であったが、最近、中国人がパーム椰子農園経営に進出する事例が多いといわれる。いずれも相当の資金を準備していないとできないことから、中国で事業に成功して持ち込んだというより、中国政府が経験のある者を選んで資金を託し、事業をさせているのではないかといった様々な憶測が飛んでいる。ケース・バイ・ケースにしろ、背後に中国政府の強い指導が働いていることを推測させる。

百年、百五十年かけて静かに現地経済に馴染んだ華僑とは異なり、二十一世紀の新来の中国人からは、国家の支援を受けて短期間に強引に住み着いた印象を受ける。前述したように華僑と新来の中国人との関係は決して良好とはいいがたく、むしろ対立関係にある例さえ少なくない。本来の華僑はすべてが自己責任と考えて行動しているだけに慎み深いが、新来の中国人には節度に欠けた〝とにかくやってしまえ〟の軽々しさを感じる。失敗しても中国政府が背後に控える気楽さが、華僑とは違う行動様式となって現れているのではないかと想像している。中国人らしい時間を味方につけて取り組む姿勢に欠け、結果を急ぐ行動の中から、中国政府内にあるヒエラルヒー特有の競争が、ニューギニアという現場に反映しているように思えてならない。

新来の中国人の行動が中国政府の国策に基づくものであるとしたら、華僑の一人が語った「この地域の重要性を教えてくれたのは日本軍です。」の意味が重くのしかかってくる。太平洋戦争において日本軍は、これまで縷々述べてきたように、この地域が有する戦略的有用性を生かすために進攻を企てたのであり、後退する米軍を追いかけてきたわけではない。戦略的価値は時が流れても大きく変わるものではなく、近年の中国人の行動は、日本軍が気づいたニューギニア・ソロモン方面の戦略的重要性を、今度は中国のために生かそうとしているのではないかと推察される。

かつての当事者であった日本人などはすっかり忘れ、他人事のような態度だが、ニューギニアとソロモン方面とを合わせるとおびただしい数にのぼる犠牲者を出した事実の意味を中国人の方が真剣に受け止めて、今日の行動の糧にしているかのようである。日本人は戦争が終わればすべてが消滅するとでも思っているようだが、それでは犠牲者は犬死にしたようなもので、あまりにも気の毒である。彼らが立証してくれたこの方面の戦略価値は決してなくなるものではなく、今日の日本にとっても大きな意味を持つことを真剣に考えてほしいと願わずにはいられない。

太平洋に進出した中国は、ハワイ以西の覇権を獲得する野心を持っていることを自ら認めるようになった。歴史的に見れば、太平洋戦争以前に日本が西太平洋に有していた覇権は、日本の敗戦によってアメリカの覇権の中に吸収されたが、中国の企図は、贔屓目に見て、これをアジア人の手に取り戻すものであると解釈できなくもない。しかし、日本を含めた周辺の国家は、中国が国内でしている強圧的政策、領土問題に対する異常ともいえる執着心、南シナ海で示した非常識な行動等を見て、中国の海洋覇権に不気味な恐怖を感じている。今日のような中国が、太平洋をアメリカと分け合うなどとんでもないことと思っているのが正直な気持ちではないだろうか。

アメリカが太平洋の覇権を樹立していく過程を見ると、二十世紀に入り、日本との対立を繰り返しながら拡大を続けてきたことがわかる。アメリカの強みは、太平洋全域がアメリカの投資先及び市場になりつつあったことで、これと海軍力の発展とが相関関係にあった。『海上権力史論』で知られるマハンの海洋理論通りの航路を進んできたことがわかる。これに対して中国の進出には、アメリカと同じとは思えない点が多い。

世界経済の重心が北半球にあり、通商も北半球の活動に目が注がれがちだが、太平洋も大西洋も南北に分かれているわけでなく、南半球の制海権の変動は直ちに北半球の海洋に及ぶことは説明するまでもない。アメリカが有する太平洋の覇権は、オーストラリアとの緊密な関係による南太平洋の安定的確保と、それによってもたらされる北半球の強固な制海権に大きな特徴がある。米豪連携は、軍事的側面よりも米豪間の経済・文化的側面が強く、開かれた通商活動と両国民の自由な往来を保証するものであった。イギリスがヨーロッパの問題に忙しく、オーストラリアにまで手が回らない状況の下で、英米間に文章にした約束があるわけではないが、同文同種の民族間に働く阿吽の呼吸で、アメリカがオーストラリア及びニュージーランドに対する保護者的役割を担うことが了解されてきた。

太平洋に野心を抱く中国は、海洋進出の構想や戦略を練り上げる過程で、日本海軍が取り組んだ組織制度の整備、国権伸張のための艦隊のパフォーマンスなどのほか、日本の太平洋戦争史からニューギニア・ソロモン諸島の重要性や米豪連携の意義について多くのことを学んだにちがいない。

太平洋におけるアメリカの海空軍の戦力と中国のそれとを比較すると、歴史の浅い中国海空軍が見劣りするのはやむをえないが、近年急速にその差が縮まってきているといわれる。後発の中国は、戦艦やプロペラ飛行機の時代を通り越して、一足飛びにジェット機やミサイルの時代に入ったため、空白期の経験がなく、本来修得しているはずの知見を欠いていてもおかしくない。日本にも素通りした時代があり、明治維新後に遮二無二に欠けている部分を穴埋めしようと無理をしたが、太平洋戦争に至って穴埋めが不十分であったことを痛感させられた。中国も素通りした時代の穴埋めを急いでいるのか、国際ルールを無視した行為がしばしば伝えられてくる。日本の太平洋戦争史から、無理な穴埋めの怖さも学んでほしいものである。

有り余る人口を吐き出す海外移住を繰り返してきた歴史があったことがさいわいし、中国人はあまり警戒されずにニューギニア・ソロモン方面へ入ってきたが、平時という条件、しかも軍事的劣勢という情勢を合わせ考えると、移住が実行可能な唯一の方法であった。これ以前、同方面で日本人は親近感を持たれ、信頼もされてきたが、顔かたちや体つきが似ている中国人も警戒されることなく、現地社会にスムースに入ることができた。しかし、軍事力に自信を持つようになってくると、これまでのような進出方法が大きく様変わりするかもしれない。日本軍が立証したニューギニア・ソロモン地域の価値を引き出すには、最終的には軍事力の使用が必要と判断される段階で、大きな変異が有り得ることを予想しておくべきであろう。

戦後、アジア・アフリカ・ラテンアメリカの人口が急増する中で、ニューギニア・ソロモン地域の現地人人口はほとんど変わらない。近代的インフラの整備が徐々に進んではいるが、低い生活水準、マラリア等の熱帯性疾病による死亡率の高さが主な原因となって、近代化に欠かせない人口の増加が実現しなかった。しかし、このお陰で、手つかずの耕作可能地が幾らでもあり、さらに飲食店や小売店を構える余地がどこにでもあり、過去二十年余りの間に移住してきた中国人は、こうした余地を目ざとく見つけて活動をはじめた。

ニューギニア・ソロモン地域の経済は、事実上の宗主国であるオーストラリアによって握られてきたが、近年は中国の落とす影が次第に大きくなりつつある。中国が目指す太平洋の西半分の覇権掌握のためには、アメリカの覇権に打撃を加えることができれば、何でもする覚悟があるのだろう。

民間人の移住により、移住先の社会経済面で支配的地位を得て、ついで政治面でも隠然たる影響力を有するようになれば、万一の時に中国軍の受け入れを誘う口実を用意することが容易になる。そうなればオーストラリアの安全保障に重大な問題が生じ、これまでのアメリカとの関係を見直す契機にならないともかぎらない。同じ英語を話す米豪関係には他国が入り込む余地がないといわれてきたが、昨今の経済関係から新しい国際関係が生まれてこないともかぎらない。

中国はオーストラリアの地下資源や農産物の最大の輸入国であり、その利益の多くが中国の事業に投資されて莫大な利益をもたらし、いまや、オーストラリアにとって中国は最も重要な経済パートナーになっている。二十一世紀になってから登場したオーストラリア政府の首班の多くが中国留学の経験者であったり、中国での事業の成功者であったりして、極めて親中国的な姿勢を示してきた。こうした政権が何代も続けば、米豪関係も変わるのではないかと中国政府が期待してもおかしくない。このような変化を、中国は辛抱強く待っているのではないかと考えている。

ところが喫緊の情勢を見ると、国力の増大に比例するかのような中国人の傲慢な態度やアメリカの対中政策の強硬化を原因として、オーストラリア政府が急速に方向転換をはかっているかに見える。やはり米豪連携こそ、最も信頼できるオーストラリア存立の支柱であることを思い知らされたのかもしれない。最近の同国の論調を見ると、かなりのテンポで対米協調路線に戻りつつあるように見受けられる。経済関係を維持したければ、中国を要注意国にしたくないのは当然だが、中国人のすべての活動に中国共産党及び中国政府が関与していることが明らかになるにつれ、否応なしに警戒せざるをえない情勢になってきた。

戦後、〝エコノミックアニマル〟などと皮肉られるほど経済一辺倒に徹し、利益が得られる可能性があればどこにでも進出した日本人だが、ニューギニア・ソロモン地域に対してはまったく無関心で、投資額も微々たるものであった。これに対して中国は、多数の移住者を送り込み、地場産業に投資を進め、現地社会に溶け込む努力をしてきた。すべてにおいて政治が優先される中国の性格を考えると、国家政策に基づく進出であることは疑いようもない。ビジネスライクに徹し、採算が採れないとすぐさま撤収をはかる日本企業と比べ、採算と関係なく行動する中国人はじっくり現地社会に浸透をはかり、成果を上げているように見える。その熱心さはかつての日本兵にも劣らぬほどで、現地人の心をしっかりつかんで離さないほどになってきている。

このような中国人のニューギニア・ソロモン地域への進出は、オーストラリア政府の親中政策にも助けられ、これまで順調に行われてきた。中国人の進出の危険性について、ようやくオーストラリア政府も気づきはじめたが、ここまで事態が進むと、オーストラリアだけで対抗できるとは思えない。ニューギニアのソモサ政権が非常に親日的であった時代、日本政府も経済界も無関心そのもので、この地域の将来についてまったく関係ないという態度に終始してきた。他方、太平洋戦争における日本軍の戦いだけでなく、生真面目で一途な日本兵が現地人に信頼された生き方も学んだのか、中国人はこの方面で大きな信頼を集めつつある。先輩世代がこの地域でおびただしい犠牲者を出しながら得た経験を封印し、他に生きる道を求めた日本に現地人は多くを期待しない。

太平洋戦争後の太平洋は、アメリカがほぼ全海域の覇権を握り、安定した状態が長い間続いてきた。しかし、時とともに変わるのが歴史の本質だが、状況によっては変化が早いか遅いかの違いが生じる。一九六〇年代から八〇年頃にかけて、ソヴィエト連邦が潜水艦隊の大増強を行い、アメリカの覇権に挑んだが、一九九一（平成三）年の体制崩壊に伴いアメリカの覇権を揺るがす脅威でなくなった。その次が、二〇一〇年代後半からはじまった中国海軍の積極的海洋進出である。中国の海軍建設及び海洋進出は、一九九七（平成九）年まで中央軍事委員会常務副主席であった劉華清が鄧小平の指示で策定した「大方針」に基づいて進められた。すでに、アメリカの脅威になっているが、これがどこまで続くのかわからない。「大方針」とは左記の内容である。なお、最近の資料には、ハワイ近くに引かれた第三列島線が書き込まれているが、最初から入っていなかったので取り上げなかった。

年代	位置づけ	実現すべき目標
一九八二～二〇〇〇年	再建期	沿岸海域の完全な防備態勢の整備
二〇〇〇～二〇一〇年	躍進前期	第一列島線内の制海権確保
二〇一〇～二〇二〇年	躍進後期	第二列島線内の制海権確保
二〇二〇～二〇四〇年	完成期	米海軍の太平洋・インド洋覇権の打破

第１列島線・第２列島線図

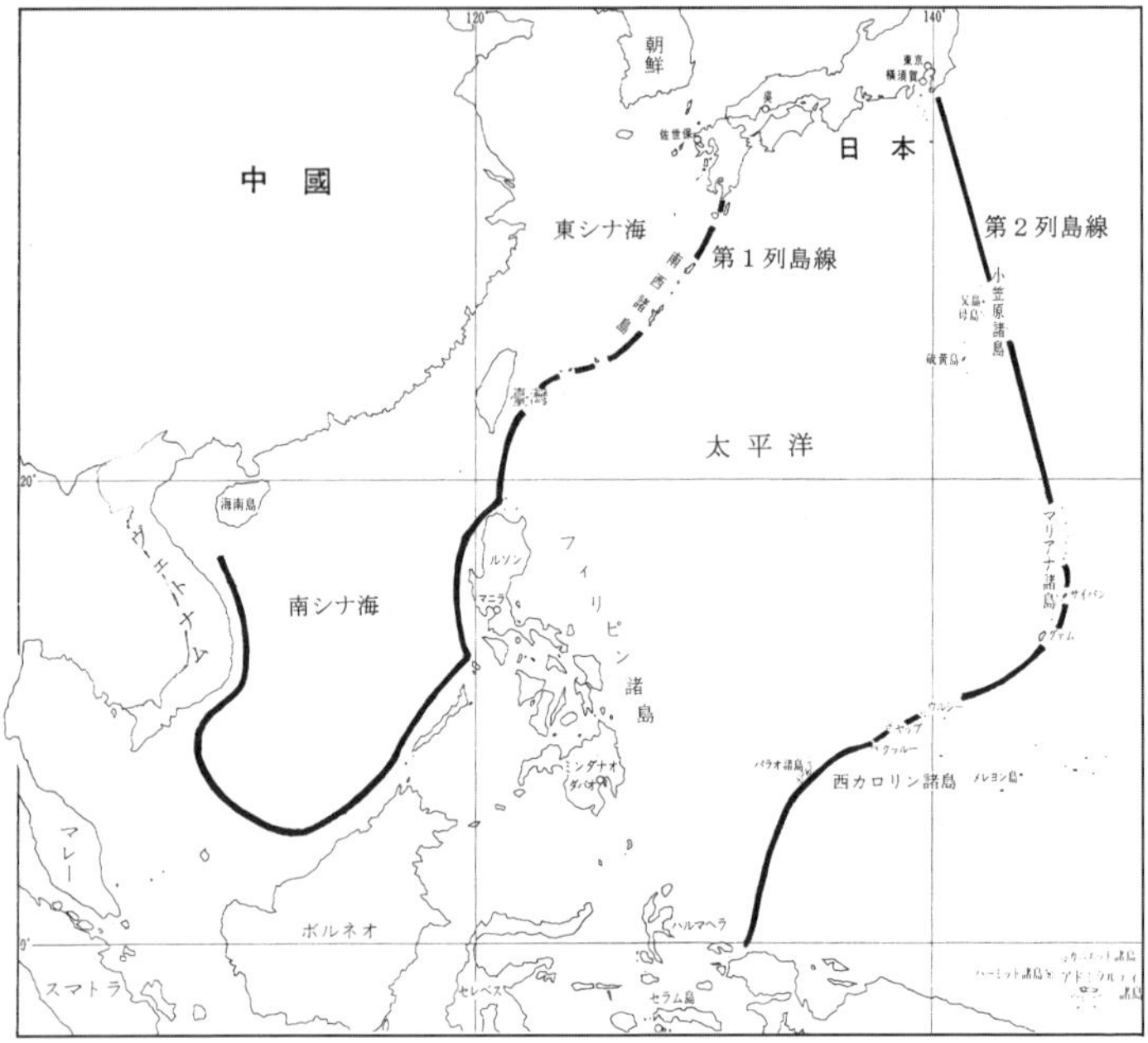

出典：『中国の海洋進出—混迷の東アジア海洋圏と各国対応』81頁

「大方針」は海軍建設・増強の目標値であって、実際にこの通りにことが進んでいるわけではない。第一列島線は近海あるいは沿岸部の制海権確保であることがはっきりしているが、第二列島線は米空母部隊を入れない境界と認識されている。この線を突破されると、空母艦載機による中国沿海都市に対する爆撃が可能になるので、これを防ぐのが第二列島線の目的と解釈されている。二〇二〇（令和二）年以降の完成期にアメリカの太平洋・インド洋の覇権を打ち砕く、つまり、アメリカ打倒が可能な実力を保有するのが目標とされている。共存ではなく、打倒を目指すところが不穏である。かつて日本海軍も米海軍に対抗して、少しでも格差を埋めようと努力する過程で、ワシントン軍縮で芽を摘まれてしまったことがある。日米の差が大きかったために、日本は軍縮案を呑まねばならなかったが、米中間の場合、中国代表をワシントンに呼びつけて海軍軍縮案を呑ませることは到底できそうにない。それだけ米中の格差は小さいことを物語っている。

今日までの中国海軍の増強は、「大方針」が定めたスケジュールに近づいてきた。近年テンポが早まり、あるいは「大方針」以上かもしれないといわれる。識者によって評価が分かれるところだが、筆者は、好調だった経済活動と習近平政権の中華帝国的対外政策とによって、計画以上のペースで増強が進んでいると見ている。中国のような長大な国境線を有する国は、国境維持のために人もカネも消耗するものだが、今の中国には不思議なほど内陸の国境地帯が静閑で、これが海洋進出を加速する大きな要因になっている。

伝えられるような辺境の少数民族弾圧は、国境地帯の静謐化のために、辺境をかき乱すおそれのある因子を除去しておくのが狙いのように推察される。だが、歴史的に見て、国境紛争が半世紀も一世紀もなかったなどということがあったためしがない。今後の海洋進出は、こうした要因に左右されながら、強大な中華帝国を復活させたい宿願と相まって進められるにちがいない。

今後、中国海軍が順調に増強されたとして、アメリカの太平洋・インド洋における覇権を崩すことが可能になるのだろうか。将来を予測するのは難しいが、アメリカの歴史を見ると、どんなに弱い相手であろうと単独で立ち向かうことをせず、同盟国・協力国をつくり、連合した勢力で包囲網をつくり、有利な態勢をつくった上で、はじめて戦いを開始するのが伝統的なやり方になってきた。自らの軍事力を過信せず、太平洋戦争、朝鮮戦争、ヴェトナム戦争、湾岸戦争、アフガン紛争……等の例を見るまでもなく、根気よく同盟国を集め、国際世論を味方につける努力をした上で次の行動に入るのが、アメリカの伝統的手法になっている。

中国と対立することは、これまでとは比較にならないほど強大な相手との対立を意味するだけに、アメリカはこれまで以上に味方をつくり、連合国を組織することに力を入れることは明らかである。これに対して大日本帝国もそうであったが、今の中国もあまりに自尊心が高すぎ、同盟国をつくる意志など少しもうかがえない。かつての中華帝国は、中央に皇帝が位置し、周囲の国家や国王はすべて属国であり臣下であって、対等な国家や国王の存在を認めない構造であった。昨今の中国と周辺国との関係をみると、まさしく中華帝国の再来を思わずにはいられない現象が多い。中華帝国を生み出した時代の環境と今の世界の環境には、非常に大きな違いがあるが、そんなことはまったく意に介さないようである。

蛇足になるが、清朝が滅亡した辛亥革命後、取り上げられることがなくなった中華帝国の性格について若干つけ加えておきたい。皇帝を頂点とする中華帝国では、国家間の対等な関係はありえないから、同盟関係は存在せず、同盟軍の成立もない。十七世紀、ロシア人の東進に伴い、アムール川沿いで清朝軍とロシア軍との間に戦闘が繰り返された。その際、日本伝来の鉄砲を有する朝鮮李王朝の鉄砲兵が優秀だという噂を耳にした清朝が応援を要請し、李王朝もこれに応えて援軍を送った。李王朝軍は現地の清朝軍の冷淡な応接に苦しみながらも、よく戦い清朝軍を大いに助けた。

それにも関わらず、この援軍について清朝の文書にはまったく記録がない。中華帝国では、中国側から援軍を出すことはあっても、外国に援軍を求めることはありえない。仮に事実とすれば、中華帝国の面子を潰すものとなり、決して内外に知られてはならないこととなので、記録から抹消されたと考えられている。こうした面子にとことんこだわるのが中華帝国の本質的性格であり、同盟国をつくり、共に戦うことなどできないのである。国力が増すほどこの傾向を強め、益々孤高の大国家として周囲の国々を睥睨し、尊大な態度を取るようになるのが中華帝国の伝統である。

中華帝国の伝統が復活し、中国がこの伝統に沿って行動する時に、米中の軍事力を比較しても意味がない。中国の経済活動が順調に発展し、国内でも国境でも平穏無事が長く続けば、アメリカ一国の経済力や軍事力を上回るときが来るのかもしれないが、それだけで中国が有利になると決めつけることはできない。というのも先に述べたように、アメリカが伝統に沿って何ヶ国もの同盟国をつくり、大きな軍事連合体を作り上げると、中国がこれを上回ることが困難になるからだ。

太平洋戦争開始の際、日本は米・英・蘭（・中国）の三ヶ国に宣戦布告したが、一九四五（昭和二十）年九月二日、戦艦ミズーリの艦上で降伏文書に調印した勝利国は、米・中・英・ソ・豪・加・仏・蘭・ニュージーランドの九ヶ国にもなっていた。アメリカに対して、太平洋を取り巻く国家と同盟できなかった日本と力の差が開いたのは当然である。一九五〇年に始まった朝鮮戦争では、米・英・仏・加・豪・南ア・土等十七ヶ国の国連軍を組織し、一九六〇年代のヴェトナム戦争では米・韓・豪・タイ・比・ニュージーランドの連合軍を組織し、一九九一年の湾岸戦争では米・英・仏・サウジアラビア・エジプト等八ヶ国の多国籍軍を編成して、サダム・フセインのイラク軍をわずか五日間で粉砕した。これがアメリカの戦争のやり方で、単純な軍事力の比較は意味をなさないことがわかろう。

このようにアメリカが同盟国・協力国で連合体を組織し相手に当たる方法は、中国も他国と対等につき合うことができれば取り入れることが可能だが、ますます中華帝国化する状況下では、孤高の大国家になる以外にないように思える。

先進国から何でも貪欲に吸収してきた中国だが、同盟国・協力国をつくることは極めて難しい課題である。それならば、あり余る人口を駆使し、日本と同じように独力で国権を伸張し、目的を実現する方向に進むしかない。

ニューギニア・ソロモン諸島や南太平洋への進出に対する日本と中国の違いは、日本が戦時の軍事進攻であったのに対して、中国が平時の民間の経済進出という形をとっていることにある。日本の目的は、オーストラリアを米軍の反攻基地に使わせないため、米豪連携を遮断することであった。一方、中国は、日本軍が残した先例から、アメリカの太平洋支配を揺さぶるには米豪間に楔を打ち込み、連携を弱めることが最も効果的であることを知った。だが、米豪連携弱体化の意義を理解しても、戦時ならいざ知らず、平時に軍事力を使用して打破を試みるのはあまりにリスクが大き過ぎる。可能なのは、戦争などせずにこの地域の経済活動に浸透し、社会活動の中で発言できる地盤を醸成することで、これにはオーストラリアもアメリカも手を出しにくい。いざとなったとき、現地住民を誘導してオーストラリアの宗主国としての地位を揺さぶり、発言力に打撃を与えればよいと考えたのであろう。

このように太平洋における覇権を目指す中国が思いついたのが、米豪連携に楔を打ち込み、アメリカの南太平洋における覇権を揺さぶることであった。日本の太平洋戦争史研究から、米豪連携がアメリカの太平洋覇権を支える重要な柱の一つである知見を得て、米豪連携に揺さぶりをかける方法を模索してきた。日本軍は単独で挑んで力尽きた。中国も単独だが、有り余る人口と経済力を使えるので、日本とは違う結果を出せると踏んだのかもしれない。

中国は、オーストラリア資源の最大の輸入国になることで、中国なくしてオーストラリア経済が回らない状況をつくり上げ、オーストラリア政府内に親中国グループをつくることにも成功し、米豪間に楔を打ち込む手懸りを得た。二〇一五（平成二十七）年、オーストラリア北部のダーウィン港の管理権を九十九年間にわたり中国の嵐橋集団に貸与したことは、オーストラリア首相までも親中国派であることを暴露した。アメリカ政府の苛立ちが激しくなり、これまでオーストラリア政府を信用し過ぎたことや、中国の浸透力を甘く見ていたことを反省し、今後の政策が手荒くなることが予想されている。

オーストラリア本土でさえこのような状況にあったから、ニューギニア・ソロモン方面における中国の動きについて、オーストラリア政府が危機感を持って注視していたとは思えない。これまでのマスコミ報道では、ニューギニア・ソロモン諸島方面への中国人の進出について危険視するニュースが発せられたことはないが、オーストラリア本国より一段と深く浸透していることは想像に難くない。

太平洋戦争以前と以後の大きな違いは、戦前が日本対米豪の対立構図であったのに対して、戦後は米・豪・日が連携する構図になったことで、中国の太平洋進出が激しくなれば、中国対米・豪・日の対立構造に発展するにちがいない。アメリカは、日米同盟とともに米本土のサンディエゴ、ハワイ真珠湾、日本の横須賀に拠点を置く米海軍が北半球の太平洋の制海権を揺るぎなく固め、そして、米豪連携が南太平洋を固め、太平洋の自由、通商の自由を見守る体制をより強化するにちがいない。

中国のアメリカの覇権に対する切り崩し策は、オーストラリア政府の親中姿勢をテコに、ニューギニア・ソロモン方面及びオーストラリア本土に積極的進出をはかり、社会全般に対する影響力を培いながら、米・豪連携に楔を打ち込み、秘かに遮断を進めることである。この南方進出策は日本とは関係なさそうに見えるが、もし、中国がニューギニア・ソロモン諸島を押さえることに成功すると、日・豪連携が遮断される危険が大きくなることが予想される。今後、オーストラリア政府の対中姿勢次第で南太平洋のアメリカの覇権が揺さぶられ、それが北太平洋にも影響して、日米同盟にも影響が出てこないとも限らない。

中国による米豪同盟の弱体化、日豪連携への圧力は、米・豪・日三国で維持してきたアメリカの太平洋覇権を根底から揺さぶることになり、日本の安全保障体制にも影響が出ることは避けられない。南太平洋に波風が立ちはじめても、日本は無関係という時代はとうに過ぎ去っている。

戦後の太平洋におけるアメリカの覇権は、米豪・日米・日豪の連携を基礎にして成り立ってきたが、これを切り崩そうとする中国は、日本軍の戦例に倣ってニューギニア・ソロモン方面に進出してきた。この目のつけどころの良さには敬服せざるをえない。この地域の事実上の宗主国であるオーストラリア政府は、中国の意図をまったく怪しまなかったが、中国の南シナ海における露骨な拡張政策やダーウィン港租借の意図をアメリカから警告され、ようやく警戒心を持ちはじめ、ニューギニア・ソロモン方面への中国の活動にも目を向けるようになってきた。

中国のニューギニア・ソロモン地域への進出策はまだ完成の域に達していないが、もし完了しているとすれば、アメリカだけでなく、日本にとっても由々しき事態である。アメリカの覇権を支える米豪・日米・日豪の連携と、ニューギニア・ソロモン地域の位置関係を図示すると、左のようになろう。

この図を見て驚かされるのは、アメリカの覇権を構成する米・豪・日三国の連携のうち、米豪及び日

太平洋の日米豪連携トライアングル

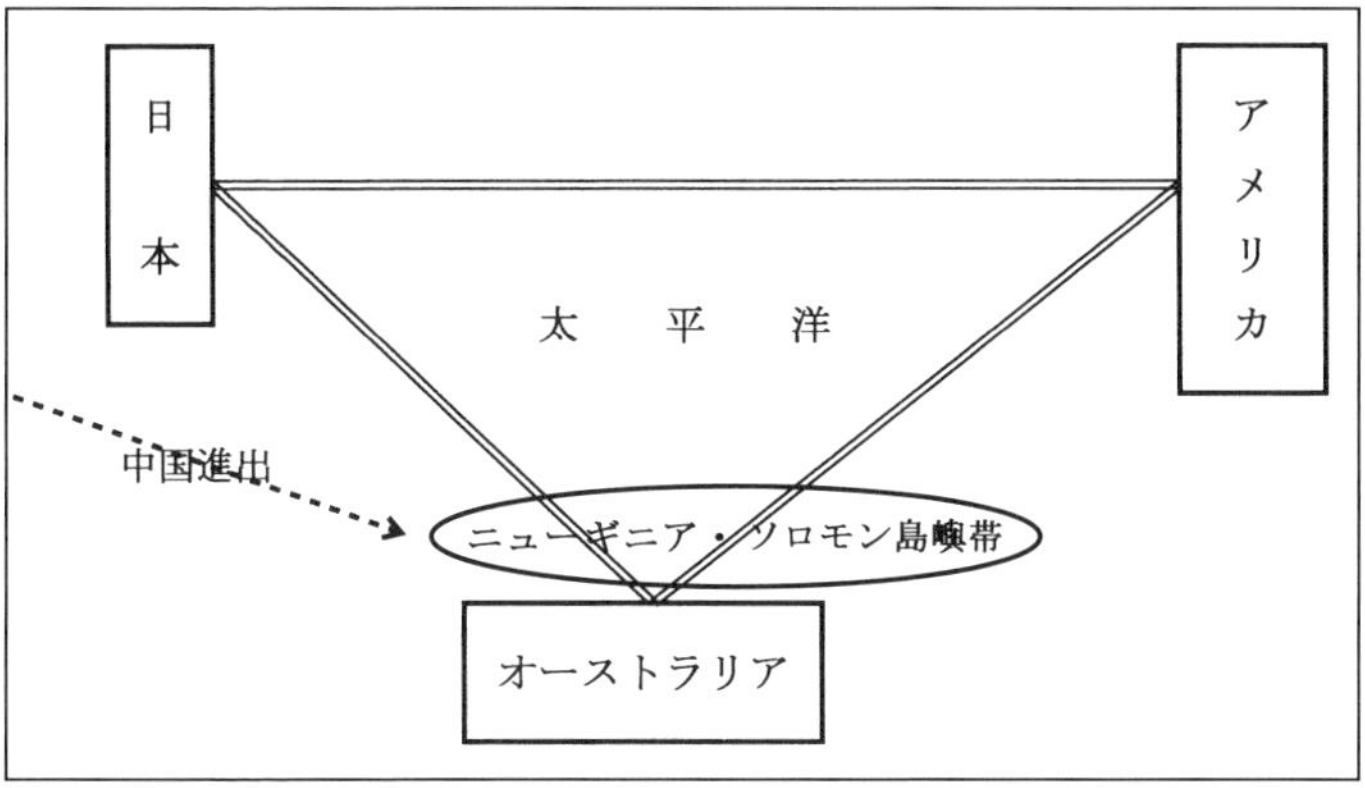

豪を結ぶ線が、万一、中国によってニューギニア・ソロモン地域が押さえられると仮定すると、完全に遮断される形になることだ。太平洋戦争では、日本軍がニューギニア・ソロモン地域に進出し、米豪連携が遮断されそうになったが、日豪連携が成立している今日では、米豪連携だけでなく、日豪連携も遮断される可能性があることがわかる。つまり、ニューギニア・ソロモン地域を押さえれば、アメリカの覇権を支えている米豪と日豪の二つの骨組みまで破壊できるわけで、この地域の太平洋の秩序に対する重大な価値を改めて教えられる。

午前十時発の成田行きの便に乗りシドニー空港を飛び立ち、二時間ぐらいするとニューギニアに差し掛かる。天気がよければ、かつての激戦地であったラエやマダンの市街地、ハンサ湾の入江、マーカム河やラム河の流域のほか、日本機が目印にしたマナム山、フィニステール山脈の景色が眼下に広がる。一時間近く山、山ばかりの景色を見飽きた頃、ようやくニューギニアに別れを告げる。ニューギニア全体の面積は日本の二倍もあるので、南北に通り抜けるだけでも一時間ぐらいはかかってしまう。

　雨が多い山岳地帯から河口までが近く、頻繁に起きる鉄砲水のために、折角建設した鉄道も道路も流されてしまうため、陸上交通は発達しなかった。一九二〇年代から三〇年代までのニューギニアはゴールドラッシュの時代で、金を探すオーストラリア人は飛行機で内陸部に入り込んだ。そのため飛行場が奥地にまで建設され、自動車時代を通り越し、一足飛びに飛行機時代を経験したのがニューギニアであった。こうした歴史を踏まえれば、日本軍と米豪軍とのニューギニア戦が航空戦を中心に展開されたことが、偶然でないことが理解できる。

　ニューギニアの西半分はインドネシア領になっているが、現地住民はパプア系であり、インドネシア人とは人種も宗教も異なるために、独立運動がくすぶり続け、外国人の行動が厳しく制限されている。おそらく西部ニューギニアでは、ジャカルタ経由で三千キロ近く離れた同地に入るのは中国人も難しく、活動は厳しく制限されているのではないかと想像される。これに対して、東半のニューギニアはエリザベス女王を戴く独立国のため、直接、ニューギニアに入国できる。政治・経済・文化等は自由主義を堅持するオーストラリアの強い影響下にある。おかげで中国人の移住と経済活動も制限されてこなかった。しかし、どれ程オーストラリア人が大らかとはいえ、国家の独立を危険に晒してまで中国人の活動を放置することはあるまいと信じているが、オーストラリア本国の政権が親中国的では、手遅れになるまで彼らの進出を放置するのではないかと危ぶんでしまう。

　この地域において、軍事力でアメリカの覇権に対抗するのはリスクが大き過ぎることは、中国もよく承知しているはずである。それだから、戦争になる可能性が低い方法を探して、静かに現地社会に浸透する手法を取ってきたのであろう。アメリカや日本の投資意欲が低く、オーストラリア一国で中国の経済進出に対抗する形になっているが、今後は日・米・豪三国が協力してこの地域の経済的・社会的安定の道を探る必要があろう。また、この地域の戦略的重要性に鑑み、太平洋戦争中の日本軍のようにラバウルを中心にして軍事基盤の形成をはかり、ニューギニア・ソロモン方面にプレゼンスすることが必要になるかもしれない。

日豪及び米豪の連携が、ニューギニア・ソロモン地域への中国の進出によって困難になれば、太平洋で機能するのは日米連携のみとなり、日本にかかる負担は著しく大きくなってしまう。太平洋を隔てたアメリカには栄光ある孤立すなわちモンロー主義を選択する自由があるが、日本にはそのような選択の自由がない。世界中との通商によって生きる糧を得ている日本は経済的苦境に立たされ、従来の安全保障政策が根底から覆る恐れがある。

戦前の日本は、アメリカとの通商が生命線であったにも関わらず、そのアメリカと戦争をするという信じがたい誤謬を犯したが、戦後の日本はアメリカとの経済関係を中心に置きつつ、経済のグローバル化、通商の多角化を進め、日米経済関係の位置づけは相対的に低下している。たとえば戦前、アメリカらの屑鉄を含む鋼鉄材の輸入量は輸入全体の九〇％近かったが、戦後は資材としての輸入は数％に激減し、豪・印・ブラジル等から鉄鉱石を輸入し、銑鋼一貫生産による輸出国へと変貌した。また、戦前はアメリカから石油製品の大半を輸入していたが、戦後は中東から九〇％以上の原油を輸入し、ほとんどの石油製品を国内で生産するようになった。しかしこれらは、アメリカが築いた国際秩序を背景に成立しているもので、この国際秩序が瓦解すると、日本の経済活動も白紙に戻して根底から組み立て直さなければならない事態となり、この混乱の中で日本が生き残ることができる保証はない。

日・米・豪三国の連携体制が維持されることは、三国ばかりでなく安定した国際関係を求める周辺国家の利益にもつながる。そうなると、中国がニューギニア・ソロモン方面や南太平洋の諸島に対して、優勢な経済力によって政治的影響力を扶植することは、長期にわたり太平洋に安定をもたらしてきた国際秩序を脅かすものである。無数の島々が展開するニューギニア・ソロモン地域や南太平洋において、どのような政治体制、経済や社会の仕組みが実情に適っているか、三国は真剣に考え、支援していく必要があるのではないか。

日本人は忘れてしまったが、太平洋戦争における日本軍のニューギニア・ソロモン方面への進攻は、はじめてこの地域を世界史に登場させ、この地域が持つ軍事的価値や太平洋の秩序における役割について考えさせる契機になった。当時、世界でもっとも未開の非文明的社会であると見られていたこの地域に、現代戦争の華ともいえる航空戦を持ち込んだのは日本軍であった。それは偶然の産物ではなく、当時の科学技術が生み出した最新の飛行機を多数持ち込んで戦うだけの価値が、この地域にはあったからである。

戦争責任といえば戦争犯罪裁判や賠償を連想しがちだが、太平洋戦争が残した疑問を解明し歴史的評価を行うのもその責任の一つである。その意味で、日本人はこの地域に関する疑問に正面から取り組み、責任を果たしてきたとはとてもいえない。日本軍は、どうしてこの地域に進攻しようとしたのか、戦う目的は何であったのか、どうしてあれほど海軍はオーストラリア上陸にこだわったのか、そして、アメリカ及びオーストラリアは、なぜあれほど強い反攻作戦に出たのか、こうした疑問について、日本人はほとんど無関心を貫いてきた。

防衛庁が刊行した「戦史叢書」は、元制服軍人だけで手掛けたこともあり、作戦戦闘面に光を当て、表向き日本の防衛を担う自衛官のために教訓を残すことを目的に編纂された。そこでは、戦争を歴史の一部として評価する姿勢が欠けていたのは目的上やむをえなかった。しかし、「戦史叢書」が散逸する資料を収集し、生存する当事者から戦いの状況を聞き出し、活字化して後世に残すという重大な使命を果たしたことは疑いない。これをどのように生かすかは、後世の責務である。

「戦史叢書」が残した教訓を、最も速く学び取り、現実に生かそうとしているのが日本ではなく中国だというのは皮肉である。中国は戦後、日本人がまったく関心を持たなくなったニューギニア・ソロモン方面の戦いや、次に述べる南シナ海進出に注目し、「戦史叢書」や日本軍の体験を参考にして南方進出政策を立案して実行してきた。進出策の進展は、アメリカ中心の国際秩序の一角に位置し、繁栄を享受してきた日本にとっては歓迎できるものではないが、日本軍が残した歴史と教訓が役立ったとすれば、痛しかゆしの複雑な気持ちに襲われる。

三　中国の南シナ海領海化

中国の南シナ海進出も、日本軍の南シナ海進出をお手本にしている。前述のように日本軍の南シナ海進出は、日米が開戦へと直進する緊迫した状況の中で行われた。日本は一九三八（昭和十三）年に南シナ海の各諸島を日本領に編入したが、これを明治以来行われてきた琉球処分、台湾編入といった島嶼部延伸策の延長と見るか、支那事変（日中戦争）という戦時における制圧あるいは占領と見るか、歴史家の意見は分かれよう。

太平洋戦争開戦以前における日本軍の南シナ海進出は、南シナ海の周囲が欧米の植民地ばかりで、国民の利益のために活動する政権が存在しなかったという事情に助けられて実現した。インドシナのフランス総督府だけは多少違ったが、植民地宗主国にとって自分たち本位の自由貿易のために南シナ海が自由に利用できれば十分で、この海に特殊権益を設定しない方が関係国のためであると考えていた。日本軍も植民地宗主国の南シナ海通航まで制限する意思はなかった。

当時の中国はというと、国権恢復を熱心に進めてきたものの海軍がなく、その上、歴史的にも南シナ海そのものに縁がなかった。歴代王朝は海南島を流刑地として利用してきたほどだから、さらに南に広がる南シナ海に関心を持つことはほとんどなかった。さすがに清朝末期になると事情が変わり、南方から来航する欧米列強の動向を掴もうと南シナ海に関心を持ちはじめ、漁民も諸群島を足掛かりに漁労に従事するようになった。

支那事変勃発以来、蔣介石政権を締めつけるために中国沿海部を南下した日本軍は、援蔣ルートの遮断のために海南島と南シナ海に進出した。この間に、対中政策をめぐって米英との関係が悪化し、南シナ海に到達した頃にはアメリカから厳しい経済制裁を受けるまでになっていた。その結果、日本は、蔣介石政権打倒を貫徹するか、従来の政策を放棄して撤退するか、の二者択一までに追い詰められたが、陸軍も政府も撤退という劇的決断に伴う激越な国内反発を恐れ、これまでの政策を中止する勇気がなかった。

明治以来、日本の経済発展は、工場建設、産業技術の導入、販路開拓等のすべての面でアメリカの指導や援助を受けて行われてきた。各種工業製品を生産する上で、アメリカの手助けを受けないで完成したものは幾らもないほど、日本の近代産業はアメリカなしでは成立しなかったといっても過言でない。昭和になり、飛行機や自動車が陸海軍を中心に導入されたが、これに関連する石油精製、アルミニウム精錬、電気機器、飛行機エンジン等の技術開発と新製品の生産は、より一層アメリカへの依存度を高めることになった。

日本の軍需、民需の産業がこのような状況にありながら、アメリカとの対決の道を選んだのは、こうした現代戦争における経済要素の重大性を認識していなかったことが背景にある。言い換えると、日本軍が追求する戦争形態そのものが時代錯誤で、経済的要素をひどく軽視したものであったため、アメリカの経済的締め付けを受けても強い危機感を感じなかった。維新以来、欧米に追いつこうと必死に努力した日本で、とくに力を注いだ軍需面でこうした認識が生じたのは、第一次世界大戦の結果、日本の産業が時代に取り残されたことを自覚できなかったためではないかと思われる。

太平洋戦争開戦時、南シナ海は日本軍の対南方作戦の根拠地として、仏領インドシナとともに重要な役割を果たした。戦時中、蘭領インド、英領マレー半島の資源を本土に還送するルートとして利用されたが、戦線が南西太平洋、中部太平洋に移ったため、海戦が起こることはなかった。

日本の降伏後、太平洋の覇者としての地位を更に強めたアメリカは、国際正義に立脚して、日清戦争以来、日本が領有した領土及び島嶼を、歴史的に見て正当と認められる国家に戻すべきであるとする原則を立てた。戦前まで南シナ海の周囲には独立国家がないこともあり、時々、中国人をはじめヴェトナム人が上陸することはあっても、継続的に領有した歴史を有する国家は存在しなかった。アメリカのいう原則を南シナ海の島嶼群に当てはめると、歴史的に正当と認められる国家がなく、新たな原則を立てる必要があった。これとは別に、日本軍が中国を拠点にして占領・領有していたのであれば、中国の政権が引き継ぐことができるという解釈ができるため、台湾に逃れた国民党政府や北京に成立した現在の中国政府が領有を主張した。

長い歴史を有する中国には、何年に誰それがどこの島に上陸した、位置を測量したといった記録があっても少しも驚かない。船が風待ちをしたり、荒天のために避難したりするのは、帆船で航海する時代では自然の成り行きだからである。肝心なのは、その後、継続的に自国民がそこで生活し、国家（王朝）の命を受けた者が制度及び法を執行し、治安をはかるとともに徴税を行い、島を管轄してきた実績を積んできたか否かであるが、中国政府にはそこまで主張できる実績がない。百歩譲って、定期的に係官を派遣し人口調査ぐらいは行ってきた経歴でもよいかもしれないが、近代に至るまで南シナ海の島嶼部に関して、そうした足跡も残していない。

元の持ち主が中国であると断定できなければ、中国の領有が国際的に求められることは困難である。だが、中国領にいた日本軍が中国政府に降伏し、日本が所有していたすべての施設、すべての業務を中国政府に引き渡すことになっていたから、中国領である台湾を根拠地としていた日本軍が行っていた南シナ海諸島の管轄も、中国政府が引き継ぐことが、論理的に最も説得力があることは確かである。

日本軍の南シナ海諸島の台湾編入実施以降も、各国の船舶は南シナ海を通航した。一九四一（昭和十六）年十二月に太平洋戦争がはじまると、敵国の艦船及び民間船舶は攻撃の対象となるため、南シナ海は事実上封鎖と同じ状態になった。しかし、この状態を根拠として、領海としたと断ずることはできない。

浦野起央氏によれば、一九四七（昭和二十二）年四月、中華民国内政部と国防部・外交部・海軍総司令部等が地図上に領土を示す線を入れる作業を行い、その結果が十二月に刊行された「南海諸島位置図」「南海新旧名称対照表」になったとする。「南海諸島位置図」には意味不明の十一断線が南シナ海に書き込まれ、一九五三（昭和二十八）年、国民政府の作った地図を継承した北京の中国政府は、ヴェトナムとの関係から二ヶ所を削除して九断線としたとしている（『南シナ海の領土問題』一八二～一八九頁）。

この地図の最大の問題点は、断線の正式な意味を解説していないことである。だが、中国にとってはこれで十分である。というのは一九三七（昭和十二）年の「海疆南展後之中国全図」が脳裏に刻み込まれ、断線が何を意味するか分かっているからである。本当は疆界線（国境線）である実線で島嶼及び周辺地域を囲みたいが、サンフランシスコ条約で認められるはずもなく、国際問題化するのは確実なので、意味のない断線で誤魔化したとしか考えられない。所詮、断線は断線であって、断線の内側は領海で、外側は公海であるなどという意味はなく、ましてやそれぞれを結んで一本の実線にして、その意味を判断してくださいとする地図など存在しない。

一九三七（昭和十二）年の「海疆南展後之中国全図」の実線から、一九四七年の「南海諸島位置図」の断線への変更は、明らかに自己主張の後退である。後退した理由は、いうまでもなく実線によって南シナ海を中国の領海にすることなど、国際社会が許さないことを十分承知していたからだ。いつか、断線を結んで実線にできる日が来たら、線内を中国領とし、線外を公海にすればよいだけのことではないか、という意識の表れともいえる。もしそれが実現したら、南シナ海は、中国の広大な領海と周辺国沿岸の細長い領海に占められ、公海が存在しない海になってしまう。南シナ海には航行する自由がなくなり、中国船と通航を許可された外国船のみになる。中国の地図が南シナ海に引いた線は蔣介石時代の夢物語であり、それが現実化してはならないものである。

世界各地には各国の領海になりうる海が幾らでもあり、世界中で中国と同じことが行われはじめたら、どういう事態になるか容易に想像できる。海洋国家として世界中と通商し発展を希求する中国の長期戦略は、自らの行為によって自らの首を締めることに直結し、最悪の場合、世界経済を著しく悪化させる危険性があり、中国の夢物語を現実化する行動は許されてはならない。

太平洋戦争後、南シナ海周辺では、植民地からの民族独立運動が吹き荒れ、中国も経験した民族主義の潮流の中で各国が独立を果たした。民族主義の強靱さは、フランス軍、ついでアメリカ軍さえ撤退に追い込んだヴェトナムの独立運動を支援した中国が知らないはずはない。一九七三（昭和四十八）年一月、パリ協定が調印され、米軍の撤退が進んだ翌一九七四（昭和四十九）年一月、南ヴェトナム軍が駐屯する西沙諸島に突如中国軍が上陸し占領した。これが北京に首都を置く中国政府がはじめて見せた南シナ海進出政策である。たまたま米海軍が南シナ海から撤収した千載一遇の機会を捉えた作戦であったことは疑いない。

その後、北京の中国政府が南シナ海に進出しようと動き出したのは、一九九〇（平成二）年を過ぎた頃であったと思う。それまで欧米植民地支配を経験したＡＡ諸国と連携する道を歩んできた中国が、経済発展に成功して自信を持ちはじめ、それまでの対外政策を修正してＡＡ諸国と袂を分かち、国権を主張しはじめた。数十年後の資源枯渇を見越して、資源獲得に先進国が血眼になりはじめた時期でもあり、巨大な人口をかかえる中国も、少しでも豊かな生活を国民に与えるために、多少の無理をしても資源獲得を期待できる地域に進出を強めた。

一九九二（平成四）年二月、中国は国内法である「中華人民共和国領海及び接続海域法」を定め、南シナ海の全島嶼群と海域を自国領とする手続きをとった。歴史上、島嶼群を領有する事例は幾らでもあるが、幾つかの国家に囲まれた海を平時に自分の海にしてしまう例は前代未聞である。

ヴェトナム戦争直後のアメリカは虚脱状態にあったが、依然として米海軍は健在であり、空母部隊の戦力は圧倒的であり、中国としては米艦隊が南シナ海で再活動するのを何としても止めたかった。ところが、一九九一（平成三）年十一月、フィリピン議会の要求で米比基地協定が終了し、翌一九九二（平成四）年九月までに南シナ海に睨みを効かせていた米海軍・空軍がフィリピンから撤退せざるをえなくなった。一九九二年二月に中国が「中華人民共和国領海及び接続海域法」を定め、事実上、南シナ海の島嶼群の中国領化を宣言したのも、まさにこの機会を捉えたものであった。西沙諸島上陸といい、中国政府の隙を見つけたときのすばやい対応には驚かされるばかりだが、こうした政策を専門とする国家主席直属の部門があるのだろう。

ヴェトナムと中国はともに共産主義を奉じ、ヴェトナム戦争を通じて親しい関係にあった。ところがカンボジアのポルポト政権をめぐる対立から一九七九（昭和五十四）年に中越戦争に発展し、さらに、一九八四（昭和五十九）年に国境争いから中越国境紛争を起こした。いずれも大規模な軍事衝突で、一九八四年の衝突ではヴェトナム人に対する中国軍の虐待行為が取り沙汰され、両国間の関係修復が困難になるほどの溝ができてしまった。最も長い南シナ海に接する海岸線を有するヴェトナムが、南シナ海の取扱について強い関心を有するのは当然だが、中国政府は、ヴェトナムとの関係が好転することはないと判断し、敢えて南シナ海の領海化に踏み切ったものと推測される。

太平洋戦争開戦直前、日本軍は海南島及び台湾を拠点に南シナ海の制海権を確保するとともに、北部・南部仏領インドシナに飛行場網を形成した。これにより制空権を獲得し、南シナ海の封鎖を実現し、日本船舶の安全な通航及びマレー半島、蘭印、タイ、ビルマへの進攻を実現した先例と対比すると、今日のヴェトナムと中国の関係では、中国がヴェトナムに飛行場網を形勢することはありえず、中国の南シナ海領海化をヴェトナムが容認することもありえない。

日本軍と中国軍の違いはここにある。今日も制空権の確保は海洋進出にとって不可欠な要素であり、中国が南シナ海に覇権を立てようとすれば、どうあっても制空権の確保が必要である。だが、ヴェトナムとの友好関係を中国自ら破壊したことにより、ヴェトナムにおける飛行場確保を諦めるほかなくなった。そこで、「中華人民共和国領海及び接続海域法」を定めて南シナ海の全島嶼群を自国領とし、南シナ海を領海化して、ヴェトナムの代わりに島嶼群に飛行場を建設し、南シナ海の制空権を確保する方針に転換したのではないかと考えられる。

このアイデアは、太平洋戦争中、アメリカ軍や日本軍がギルバート諸島やマーシャル諸島の細長い珊瑚環礁に飛行場を建設し、周辺海域の監視に当たっていたことにヒントを得たものであるかもしれない。埋立作業で土地を造成することは国際法から見て違反だが、違反を取り締まる警察力の裏づけのないのが国際法である。抗議があれば時間稼ぎをし、その間に既成事実をつくってしまえば、文句がいえないのが現実の世界である。

島の要件を満たさない岩礁の上に高床の掘建小屋を建て、少しずつ周りに石を積み、周辺国の動きを見極めながら大丈夫とわかると、一気にコンクリートを流し込んで地盤を造り、恒久施設が建つほど強化した面積を徐々に広め、とうとう野球場ほどの人工島にしてしまう。時間を味方につけながら根気よくやれば、必ず成功することが段々わかってきた。万一、アメリカが出てきたらさっさと引き揚げるつもりであったと見られ、その辺は日本軍に比べ遙かに臨機応変であった。

中国にとって、一九九〇（平成二）年にイラクのサダム・フセインがクウェートに侵攻して湾岸危機が発生し、世界の目が中東に釘付けになったことが好機と映ったのだろう。中東情勢を睨みながら、人工島を相次いで完成させ、高度にシステム化された海洋観測ステーション、レーダー基地、通信基地、電波妨害基地などを設置し、容易に取り壊しできない既成事実を積み上げてきた。

飛行場建設が遅くなったのは、周辺に及ぼす脅威が大きく、建設の事実が知られると、大きな国際的批判が巻き起こるのを恐れたためであろう。島嶼によっては満潮時に水没してしまうところがあり、大規模な埋立工事によって一気に島を造成しなければならない。各国の動きを見極めながら、海面上の面積が狭い上に海抜の低い珊瑚礁に、中国本土や海南島との間を何百隻もの輸送船が何度も往復して土砂を運び込んで島を造成し、戦闘機ばかりでなく爆撃機の離発着も可能な滑走路に仕立てた。これを助けたのが、アメリカのイラク進攻作戦であった。国中から船をかき集め、それこそ無数の船が海面を埋めつくしながら飛行場用地を造成した。臨海部の埋立例なら幾らでもあるが、本土から何百キロも離れた海洋のど真ん中で埋立作業を行い飛行場を造るなど、万里の長城を築いた中国人しかやらない破天荒な行為と呼んでよいだろう。

莫大な建設費は、中国経済が「世界の工場」と呼ばれるまでに成長し、巨額の貿易黒字、アメリカ国債の最大の買入れ国といった実績を見るまでもなく、潤沢な財政状況から支出されたものである。だが、この事業は、軍事力に自信がなければ実行できない。軍備の近代化が進み、戦略・戦術核ミサイルだけでなく、各種中・短距離ミサイルの広範な導入が進み、海軍艦艇や航空機も近代化し、必要数を揃えた国防力に自信を深めた結果であろう。

ヴェトナムに飛行場を確保できない代わりに、珊瑚礁を埋め立てて建設された飛行場は、南シナ海が中国の海である象徴となるにちがいない。中国の南シナ海政策には、各国の民族主義、各国の体面への配慮の一かけらもない。しかし、どこの民族主義運動も、蟻ほどの小さい集団からはじまり、ついには象ほどになって大きな支配者を倒してきた。強大なアメリカ軍でさえヴェトナムから追われたように、中国軍であれば大丈夫という保証はどこにもない。

そればかりでなく、中国が南シナ海に建設した各種建造物、アンテナ、飛行場等の諸施設は、常に強い風雨や海水に晒され、維持に莫大な経費がかかることは説明するまでもない。備えつけられた高性能機器はすぐに時代遅れになり、更新を繰り返さなければならない。数年を経ずして予想を遥かに超える負担に衝撃を受け、政権の財政担当者から何とかして欲しいと叫ぶ悲痛な声に悩まされることになろう。

日本軍がヴェトナムに飛行場網を形成し、南シナ海を領海化したのは、これ自体が目的ではなく、対南方作戦のための拠点にするためであったことは前述した。中国の場合はどうであろうか。日本軍には南方資源地帯の獲得という明確な目標があったが、中国は本音はおろか、当面の目標すら明らかにしていない。

中国の南シナ海の領海化は、インドネシアやマレーシアへの進出を目指したものでないことは明らかである。かつて日本が期待をかけたスマトラやカリマンタン（ボルネオ）の油田では、桁違いの需要を抱える中国にとっては気休めにもならない。また、マレーシアのパーム椰子・錫やインドネシア・ビンタン島のボーキサイト、木材などもあるが、喉から手が出そうな物資のリストに入っていない。いまの中国が必要としているのは、中東の石油、アフリカの鉄・銅鉱石をはじめとする鉱物資源であろう。

中国外交がアフリカに対して人一倍熱心なのは、こうした資源の獲得にあることは説明するまでもない。近年、アフリカのギニアで中国が大規模な鉄鉱山開発を進めていることが明らかになった。中国国内には有力な鉄鉱山が幾つもあるが、それらを合わせても鉄鉱石需要の三割程度にしかならないといわれる。需要が予想を遙かに超え、鉄鋼製品の輸出が外貨獲得の一手段として重視されてきたが、鉄鋼の生産量が世界最大のいま、この水準を維持するには、国外から鉄鉱石を大量に輸入しなければならないのだろう。

中国資本が海外に進出し、各種鉱山を開発し、現地での加工生産にも意欲的に取り組むのは、こうした事情ゆえである。かつて胡錦濤主席は、厖大な資源を消費するアメリカに対して、生活を節約して資源消費量を減らしてはどうかと意見したことがあるが、何の約束も得られなかったことはいうまでもない。それならば、自分たちもアメリカ人同様の消費生活の道に進むだけだ、というのが今日の中国なのであろう。そのため中国は、世界中で資源獲得を争う国家の一番手になり、その勢いは今後益々強まることは確実であり、競争は海底、さらに宇宙へと持ち込まれようとしている。

中国の海洋進出の目的は、軍事面からみれば、太平洋及びインド洋におけるアメリカの覇権の打破であることは疑いない。その上で、海洋国家として世界中から工業原料を調達し、製品を世界中に流通させ、世界一の繁栄を実現するというのが、今日の中国の大きな国家戦略ではないかと推測される。南シナ海の領海化は、インド洋におけるアメリカの覇権に対抗し、アフリカや中東をつなぐインド洋に中国の覇権を立て、安定した航路の実現を目指す一環ではないかと考えられる。

世界人口の四分の一を占めるとまでいわれる中国では、どんな政策であれ事業であれ、多数の人間が関わって進められる。その過程で、方針をめぐって意見の対立があるのはどこの社会でも同じである。中国の場合、関係者が多いだけに対立が激しく、最終的には強硬論でまとまることが多い。中国のやることが常識を超えていたり、過激な行動が目立ったりする大きな原因は、内部における激しい意見衝突と強硬論で収斂するメカニズムにあるためといってよいだろう。南シナ海の平時における領海化という信じがたい行動も、中国内部におけるこのメカニズムの産物だと思われる。

昔、中国は来航した外国人に向かって、自分を〝地大物博〟の国といって誇示してきた。〝地大物博〟とは、国土が広く、何でも産出される豊穣な国土という意味で、他の国と対比すると、確かに誇示するだけの国土と物の豊かさがある。それだけにアメリカが得意とする経済制裁は効きにくい。だが、地大物博ならば、南シナ海領海化も含めて、なぜこれほど領土問題に執着するのか理解に苦しむ。かつて鄧小平が領土問題を数百年かけて解決すればよいといったことがあるが、今の中国の性急さには呆れるばかりである。何がそうさせているのかうかがい知れないが、核時代には、わずかな誤謬が世界を破滅させかねないことを知ってほしいものである。

南シナ海を領海化し拠点化しても、強引な政策が周辺国に新しい民族主義のうねりを起こし、これに苦しめられてインド洋進出を困難にするかもしれない。インド洋は、南シナ海や太平洋と違って西欧諸国が深く関連する海域であり、中国に対する抵抗力が二倍にも三倍にも強まることを肝に銘ずるべきである。

おわりに代えて

南西太平洋のニューギニア・ソロモン諸島における中国人のおびただしい流入、南シナ海に対する中国軍の浸透と領海化が、太平洋戦争における日本軍の作戦を先例に学べるものがあれば学び、利用できるところがあれば利用して、今日の行動に至っているのではないかというのが、本論の出発点であった。

歴史の教訓を重んずる中国に限らず、失敗が許されない国家を動かす指導者たちは、冒険的な計画を実行するに当たって歴史の中に前例がないか調査し、失敗・成功につながった条件や原因を明らかにして、これに学びながら、少しでも失敗するリスクを減らす方法を模索してきた。日本の指導者のように、歴史的調査を事務手続きの飾りのようにしか見ない例もあるが、海外の指導者には真剣に歴史と対話する人物が多い。軍事行動を伴う場合には、実験をすることができないため、歴史上の先例に学んで方針を決める作業がとくに重視される。

中国によるニューギニア・ソロモンへの進出、南シナ海の領海化の行動を起こす際に、当然こうした作業が行われたはずである。しかし、両方とも中国にとって縁がないところであり、先例になるような記録を自国の歴史に見つけることができなかったはずである。だが、同じ場所で行われた戦争ならば、すぐ手が届くところにあった。それが太平洋戦争であり日本軍の行動であり、時代もつい最近のことだから、その教訓の持つ価値は色あせず、日本軍を中国軍に置き換えて振り返るだけで、共感を覚える教訓が多数見つかったにちがいない。

何よりも日本軍のニューギニア・ソロモン地域と南シナ海における戦いは、日本軍が中国との戦争をそのままにして行動を起こしたために、陸軍部隊の出発地がほとんど重なっており、仮に日本軍に代わって中国軍が行っても、同じように進められたであろうと考えられる。そうならば、日本軍の作戦をしっかり研究し、参考にできる点を徹底的に精査した上で、南下政策に着手したにちがいない。両地域の活動について、中国はその目的と意図を明らかにしていないが、日本軍の作戦目的の延長上にあると推論すれば自ずと見えてくるものがある。

日本では、敗戦時まで陸海軍に所属していた元将校が戦史をまとめるのが伝統であり、そのため所属した陸海軍を擁護する傾向が払拭できず、たとえ誤断をしても弁護するか取り上げないかして問題にならないようにしてきた印象を受ける。そのため敗戦後、七十年以上が経っても歴史的評価を下さない作戦史が多かった。そこで日本軍の作戦と中国の政策の相関性を論ずる前に、ニューギニア・ソロモン戦に限定した歴史的評価を行ってみた。

「戦史叢書」は一〇二巻に達するが、ニューギニア戦は四十巻近い中で取り上げられ、それだけでもその規模と長さがうかがわれるが、記述があちらこちらに分散しているため、ニューギニア戦の全体像をつかむことが極めて難しい。「戦史叢書」の大きな欠点であり、この点を補うため、全体の骨格を手短かにまとめてみた。そこから見えてきた日本軍の問題点に若干の分析を試みたが、中国側はどのような見解を持ったのか是非とも知りたいところである。

一九六〇年代に大学で学んだ筆者のような世代は、文化大革命の影響を多少なりとも受けた。アジア史を学ぶ学科の学生の中には、「毛沢東語録」を持って文革の意義やその正当性を熱っぽく語る者がいた。共産主義とは関係なく、毛沢東や周恩来といった指導者を、時代のヒーローとして受け止めていた学生もかなり多かった。とくに周恩来は、革命が行き過ぎ、過激な活動があっても、彼のぶれない存在が中国を注視する者を安心させ、中国への親近感をつなぎ止めた。共産主義嫌い、共産党政権嫌いでも周恩来だけは別格で、周恩来を信頼するから中国を信頼するといった考えを持つ日本人も少なくなかったと思う。

共産主義による中国の国家再建への道は険しかった。自由主義陣営との対立が重荷になったことは事実だが、その対立がなくても、共産主義による経済活性化、国力の増勢が難しかったことは否定できない。中国では一九七八(昭和五十三)年からはじまった鄧小平による改革開放政策によって市場経済制が導入され、人民公社の解体の一方で生産責任制、企業の経営自主権の原則が実施された。また、外資の積極的導入が謳われ、経済特区が設定されて外国企業の誘致が奨励された。続く江沢民、胡錦濤の時代、GNPが倍々ゲームのように急加速し、今日の経済大国の道につながったことは多言を要しまい。

しかし、現在の経済政策によって、中国国内には共産主義が最も嫌う貧富の差が生じ、取り残された者が、先に裕福になった者に追いつけるような生やさしい格差ではなくなった。一握りの成功者が国家を動かすのは欧米では珍しくない現象だが、中国が違うのは、一握りの成功者と共産党とが緊密に連携し、成功者が共産党独裁の強力な後援者になっていることである。一党独裁による強圧政治を非難する声が内外から強まってきたが、その背後に世界的企業になった経営者がいることを忘れてはならない。中国に抱いてきた期待が、最近では急速に不安に変わっているのは、この得体の知れない両者の緊密な関係がもたらす不気味な空気である。

どのような国家でも、新たな政策を採用する際、積極論と消極論、強硬論と慎重論などの対立が発生し、国家及び国民に活力があるときは積極論、強硬論に傾きやすく、好結果を生み出すこともあれば、思わぬつまづきをして国運衰退の原因になってしまうこともある。南シナ海の領海化に際して、政権内で意見対立があってもおかしくないが、予想以上の経済発展、中ロ関係の安定と国境紛争の解消、軍備の近代化の進展等に押されて強硬論、楽観論が勝利を収めてきたと見られる。

今日は、関係各国が受け入れられる原則を定め、これを各国が遵守して、平和と秩序の安定をはかる時代である。戦時にも劣らぬ強引な国益追求は、一時的に成功があったとしても、長続きすることはできない。関係各国の利害を調整し、各国が納得する体制をつくらなければ、南シナ海も紛争地として残るだけのことである。人民の生きる権利を踏みにじる者は、人民によって倒されることを革命戦争で学んだはずの中国の行動が、内外の人民の脅威になりつつあることは悲しい現実である。

権力は銃口から生まれると毛沢東が語ったと伝えられるが、今の中国が進んでいる方向は、まさしくそのものである。それが行き着くところは中華帝国の中心軸である皇帝独裁体制を彷彿とさせるもので、今の時代に到底受け入れられる体制ではない。世代が代わり、革命を知らない世代、革命の精神を知らない世代が圧倒的に多くなった今、革命世代ならば絶対に許さない独裁体制に近づいている現実を、中国人は許すつもりでいるのだろうか。

一方、日本は、太平洋戦争後、平和主義路線に徹し、戦争のことは綺麗さっぱりと忘れたかのようである。しかし、無人島を力づくで取り上げようとし、南シナ海を領海化する国家が近くに存在することを知って、非武装中立などあり得ないし、丸腰外交などできないのが現実であることを改めて教えられた日本人も多いはずである。このような認識を持ったのは日本人だけではないと思われる。

今のような経済発展と軍備拡大が続けば、いずれ中国が世界一の国家になる日が来るかもしれない。しかし、時間ほど非情なものはない。中国の歴史を通してわかっているのは、どれほど強大な国家も必ず滅亡する事実と、国家の繁栄は意外なほど短いことである。日本では七十歳以上の高齢者の割合が日増しに増え、社会の活力が失われ、国力の衰退を実感できるほどになっているが、それほど遠くない時期に、中国も同じ状況に陥りはじめることが確実である。人口減少に伴う国力衰退、社会の活力喪失は、中国の方が日本より劇的に現れると予想されている。強引な国力伸張政策は対立をもたらし、政治・社会状況を悪化させるだけである。そうなるときに備えて、周囲の国家との友好親善を深め、相互援護の関係をつくっておく方が、苦境に立ったときどれほど救われるかはかりしれない。

コミュニケーション手段が日進月歩の時代、外部からニュースを入手する手段が多様化し、国家の封印政策に限界がある今日、世論操作にも限界があることを認めなければなるまい。今日の中国の経済発展は、西欧諸国やアメリカが築いてきた自由な消費、自由な通商、自由な海洋通航等を旨とする資本主義体制を受け入れることによって実現したもので、それは国民に対する言論統制、人権の抑圧等とは相容れない近代精神によって実現していることを知ってほしいものである。

【主要参考文献】

『中国の海洋進出―混迷の東アジア海洋圏と各国対応』海洋政策研究財団　成山堂書店　平成二十五年
『南シナ海の領土問題』浦野起央　三和書籍　二〇一五年六月
『日本の南洋戦略』丸谷元人　ハート出版　平成二十五年七月
『シナ海域　蜃気楼王国の興亡』上田信　講談社　二〇一三年九月
『海域アジアの華人街』泉田英雄　学芸出版社　二〇〇六年三月
『サンフランシスコ会議議事録』外務省　昭和二十六年九月
『中国海軍と近代日中関係』馮青　錦正社　平成二十三年十一月
『最新中華建設新図』盧龍　白眉初　建設図書館　中華民国二十六年五月
『校訂七版　中華民国分省図』武昌亜新地学社　中華民国元年
『中華最新形勢図』上虞屠思聡　世界輿地学社　中華民国十八年八月
『中華民国建設全図』白眉初　北平建設図書館　一九三一年
『南海諸島位置図』中華民国内政部地域局　一九四七年十二月
『海南省地図』中国地図出版社編　中国地図出版社　一九八八年
『中国海軍史』包遵彭　海軍出版社　一九五一年
『民国海軍的興衰』高暁星、時平　中国文史出版社　一九八九年
『マッカーサーと戦った日本軍―ニューギニア戦の記録―』田中宏巳　ゆまに書房　平成二十一年八月
『太平洋戦争と富岡定俊』史料調査会　軍事研究社　昭和四十六年

『日本海軍史の研究』海軍史研究会　吉川弘文館　二〇一四年十二月
『戦史叢書　中国方面海軍作戦〈1〉―昭和十三年三月まで―』防衛庁防衛研修所戦史室　朝雲新聞社
昭和四十九年三月
『戦史叢書　中国方面海軍作戦〈2〉―昭和十三年四月以降―』同右　昭和五十年一月
『戦史叢書　支那事変陸軍作戦〈2〉―昭和十四年四月まで―』同右　昭和五十一年二月
『戦史叢書　支那事変陸軍作戦〈3〉―昭和十六年十二月まで―』同右　昭和五十年十一月
『戦史叢書　大本営海軍部・連合艦隊〈1〉―開戦まで―』同右　昭和五十年十二月
『戦史叢書　南東方面海軍作戦〈1〉―ガ島奪回作戦開始まで―』同右　昭和四十六年九月
『戦史叢書　南東方面海軍作戦〈2〉―ガ島撤収後―』同右　昭和五十一年八月
『戦史叢書　南太平洋陸軍作戦〈5〉―アイタペ・ブリアカ・ラバウル―』同右　昭和五十年五月
『戦史叢書　マレー進攻作戦』同右　昭和四十二年十二月
「海南警備府戦闘詳報」（自昭和十六年十一月至昭和十七年二月）防衛庁防衛研修所戦史室蔵
「海南警備府戦時日誌」（昭和十六年十二月）防衛庁防衛研修所戦史室蔵

あとがき

ネット社会になったせいか、毎日ニュースが溢れ、世界が非常な速さで変動していると錯覚する。確かにニュースを送る機器は猛烈な勢いで発達したが、ニュースを探す人や組織が充実してきたわけでない。最先端機器を駆使すればニュースの拡散は早いが、ニュースの発掘力が高まるわけでない。とはいえ、ニュースを探し発信するのもビジネスだから、需要と供給の原則が働く。世界を大きく変えるニュースを事前に察知するのがむずかしい一因は、ニュースが需要に関係なく起こるからである。

本書が主に扱ったニューギニア・ソロモン地域は、まさしくニュースの需要がなく、供給しても商売にならない所である。ニューギニア英語にも堪能な丸谷元さんと、何度かニューギニアの戦跡調査のために歩き回った時、この地域の情報を発信する必要を痛感し、通信社を立ち上げようと話し合ったが、商売になる見込みが立たず、結局、諦めるほかはなかった。その時に丸谷さんと議論し、教えられたことが本書の執筆に非常に役だった。同氏には幾ら感謝してもし過ぎることはないだけでなく、近年の情勢から一日も早く通信社構想を実現し、氏の才能を発揮してほしいと願わずにはいられない。

近年における中国の対外活動は、ネットで騒がれるほど激しいものではないと思っているが、できる限り客観化してみると、やはり性急過ぎるし、やり方が乱暴過ぎると感じないではいられない。軍を使うと徐々に跋扈し、そのうちに手がつけられなくなるものだ。アジアには、シビリアンコントロールの伝統などないから、政治体制が強固の間はいいが、少しでも隙を見せると権力の座を奪おうとするのが軍の本質である。中国軍の行動が活発であることから、相当に発言力を高めているのではないか、そのため政府も強硬姿勢を取らざるをえなくなっているのではないかと心配になる。

これに対するアメリカも心配である。外から見ると、なぜあのような人間を大統領に選ぶのか、アメリカ人自身が相当におかしくなっているのではないかと思わずにはいられない。戦後、アメリカは選挙こそ最善の民主主義制度であるとして各地で実施を勧めてきたが、アメリカを見るとそう思えなくなった。バイデン新政権の発足によって、アメリカを中心に日本、オーストラリア、インドの四ヶ国で中国の対外進出に対処する戦略が見え、英仏まで同調する動きが出てきた。どちらが優勢か、戦えばどちらが勝利するかといった問題はともかくとして、中国の強気の行動が連合国的な勢力を生み出してしまった時点で、これまでの中国の対外政策は失敗したといわねばならない。これからは、中国がやることは必ず警戒され、国際紛争に発展する可能性が大きくなった。そうなる以前の最善の選択肢は、従来の政策を白紙撤回し、敵をつくらない新しい戦略を構想することである。

歴史家の役割の一つは、一五〇〇年、一〇〇〇年前から今日に至るまでの大きなうねりをつかみ、このうねりが昨今の国内外の問題にどう係わっているかを描くことである。うねりは大きければ大きいほど変わりにくいために正確に把握しやすく、将来を予測する上で貴重な示唆を与えてくれるに違いない。中国のような巨大国家は、大きなうねりのように時間をかけて行動し変化していくから、歴史家の見方と波長が合うのであろう。歴史家の老婆心として、今日の中国の動向について取り上げさせてもらったが、まさか日本が起こした太平洋戦争を模範と教訓にしているとは信じてもらえないかもしれない。
　本書の出版に際して、龍溪書舎の北村正光氏には大変お世話になった。また、この企画を提案していただいた南里知樹氏にもお世話になった。合わせて深く感謝する次第である。

二〇二一年二月　田中宏巳

著者紹介

田中　宏巳（たなか　ひろみ）

1943年　長野県松本市生まれ
早稲田大学大学院博士課程満期退学、防衛大学校名誉教授
〈主要著書〉
『東郷平八郎』（筑摩書房、1999年）
『ＢＣ級戦犯』（筑摩書房、2002年）
『秋山真之』（吉川弘文館、2004年）
『マッカーサーと戦った日本軍　ニューギニア戦の記録』（ゆまに書房、2009年）
『山本五十六』（吉川弘文館、2010年）
『復員・引揚げの研究　奇跡の生還と再生への道』（新人物往来社、2010年）
〈編著・監修〉
『米議会図書館所蔵占領接収旧陸海軍資料総目録』（東洋書林、1995年）
『オーストラリア国立戦争記念館所蔵旧陸海軍資料目録』（緑蔭書房、2000年）
『太平洋戦争開戦前史　開戦迄の政略戦略』第二復員局残務処理部編（緑蔭書房、2001年）
『昭和六・七年事変海軍戦史』海軍軍令部編（緑蔭書房、2001年）
『ＢＣ級戦犯関係資料集』全６巻（緑蔭書房、2011年）

真　相――中国の南洋進出と太平洋戦争――

2021年３月31日　第１刷発行

著　者　田　中　宏　巳
発行者　北　村　正　光
発行所　株式会社　龍　溪　書　舎
〒179-0085　東京都練馬区早宮2-2-17
電話03(5920)5222・FAX03(5920)5227

印刷・長野印刷商工株式会社／製本・丸山製本工業株式会社

ISBN978-4-8447-0656-4　C0031　￥1800E